学ぶ人は、
変えて
ゆく人だ。

……ために、人は学ぶ。

「学び」で、

少しずつ世界は変えてゆける。

いつでも、どこでも、誰でも、

学ぶことができる世の中へ。

旺文社

漢検ポケット 3級

でる順 一問一答 改訂版

旺文社

もくじ

漢検とは ･････････････････････････････････････ 4

漢検受検ガイド ････････････････････････････ 8

本書の特長 ･･･････････････････････････････ 10

でる度 ★★★

読み ❶〜❽ ･････････････････････････････ 14

同音・同訓異字 ❶〜❺ ･･････････････････ 30

漢字の識別 ❶〜❸ ････････････････････････ 40

熟語の構成 ❶〜❺ ････････････････････････ 46

部首 ❶〜❺ ･････････････････････････････ 56

対義語・類義語 ❶〜❻ ･･････････････････ 66

送り仮名 ･････････････････････････････････ 78

四字熟語 ❶〜❹ ･･････････････････････････ 80

誤字訂正 ❶〜❸ ･･････････････････････････ 88

書き取り ❶〜❼ ･･････････････････････････ 94

でる度 ★★

読み ❶〜❽ ･････････････････････････････ 108

同音・同訓異字 ❶〜❺ ･･･････････････････ 124

漢字の識別 ❶〜❸ ････････････････････････ 134

熟語の構成 ❶〜❺ ････････････････････････ 140

部首 ❶〜❺ ･････････････････････････････ 150

対義語・類義語 ❶〜❼ ･･･････････････････ 160

送り仮名 ❶・❷ ･･････････････････････････ 174

四字熟語 ❶〜❺ ･･････････････････････････ 178

誤字訂正 ❶〜❹ ･･････････････････････････ 188

書き取り ❶〜⓭ ･･････････････････････････ 196

でる度 ★

読み ❶〜❽ ································· 222

同音・同訓異字 ❶〜❺ ··············· 238

漢字の識別 ❶・❷ ····················· 248

熟語の構成 ❶〜❺ ····················· 252

部首 ❶〜❹ ···························· 262

対義語・類義語 ❶〜❼ ··············· 270

送り仮名 ❶〜❸ ······················· 284

四字熟語 ❶〜❹ ······················· 290

誤字訂正 ❶〜❺ ······················· 298

書き取り ❶〜⓮ ······················· 308

付録 ※付録は、最終ページから始まります。裏表紙から読んでください。

3級配当漢字表 ····························· ❶

おもな特別な読み、熟字訓・当て字 ·········· ❼

模擬試験 問題 ····························· ❽

模擬試験 解答 ····························· ⓰

編集協力   株式会社友人社
校正   株式会社ことば舎・鈴木充美・宮川咲
装丁デザイン ライトパブリシティ（大野瑞生）
本文デザイン 有限会社アチワデザイン室・作間達也
本文イラスト 三木謙次

漢検とは

●漢字検定（漢検）とは　※2021年2月現在

　本書が目指す「漢字検定（漢検）」とは、公益財団法人日本漢字能力検定協会が主催する「日本漢字能力検定」のことです。漢字検定は1級から、準1級・準2級を含む10級までの12段階に分かれています。

●受検資格

　年齢・学歴などにかかわらず、だれが何級を受検してもかまいません。検定時間が異なれば4つの級まで受検できます。受検には個人受検・団体受検・漢検CBT受検（9ページ参照）の3つがあります。

●出題対象となる漢字

　漢字検定では、それぞれの級に定められた出題範囲があります。それぞれの級で新たに出題対象となる漢字を配当漢字といい、当該級はそれ以下の級の配当漢字も出題範囲に含まれることが原則です。

　3級では、4級までの配当漢字1339字と、3級の配当漢字284字を含めた1623字が出題の対象となります。

問い合わせ先

公益財団法人　日本漢字能力検定協会

本部　　〒605-0074

　　　　京都府京都市東山区祇園町南側551番地

　　　　TEL.075-757-8600

　　　　FAX.075-532-1110

URL　　https://www.kanken.or.jp/

●おもな対象学年と出題内容

内容／級	レベル	漢字の書取	誤字訂正	同音・同訓異字	四字熟語	対義語・類義語	送り仮名	熟語の構成	部首・部首名	筆順・画数	漢字の読み	検定時間	検定料
2	高校卒業・大学・一般程度	○	○	○	○	○	○	○	○		○	60分	3500円
		対象漢字数 2136 字（準2級までの対象漢字 1951 字 + 2級配当漢字 185 字） ※高等学校で習う読みを含む											
準2	高校在学程度	○	○	○	○	○	○	○	○		○	60分	2500円
		対象漢字数 1951 字（3級までの対象漢字 1623 字 + 準2級配当漢字 328 字） ※高等学校で習う読みを含む											
3	中学校卒業程度	○	○	○	○	○	○	○	○		○	60分	2500円
		対象漢字数 1623 字（4級までの対象漢字 1339 字 + 3級配当漢字 284 字） ※中学校で習う読みを含む											
4	中学校在学程度	○	○	○	○	○	○	○	○	○	○	60分	2500円
		対象漢字数 1339 字（5級までの対象漢字 1026 字 + 4級配当漢字 313 字） ※中学校で習う読みを含む											
5	小学校6年生修了程度	○	○	○	○	○	○	○	○	○	○	60分	2000円
		対象漢字数 1026 字（6級までの対象漢字 835 字 + 5級配当漢字 191 字） ※中学校で習う読みは含まない											

※ 5 級で「誤字訂正」も出題内容と発表されていますが、過去に出題された実績はありません。
そのため、旺文社漢検書シリーズでは 5 級で「誤字訂正」を掲載しておりません。

●漢字検定 3 級の審査基準

程　度	常用漢字のうち約 1600 字を理解し、文章の中で適切に使える。
領域・内容	《読むことと書くこと》 小学校学年別漢字配当表のすべての漢字と、その他の常用漢字約 600 字の 読み書きを習得し、文章の中で適切に使える。 ・音読みと訓読みとを正しく理解していること ・送り仮名や仮名遣いに注意して正しく書けること ・熟語の構成を正しく理解していること ・熟字訓、当て字を理解していること（乙女／おとめ、風邪／かぜ など） ・対義語、類義語、同音・同訓異字を正しく理解していること 《四字熟語》 四字熟語を理解している。 《部首》 部首を識別し、漢字の構成と意味を理解している。

●漢字検定 3 級の採点基準

字の書き方	正しい筆画で明確に書きましょう。くずした字や乱雑な書き方は採点の対象外です。
字種・字体・ 読み	2 〜 10 級の解答は、内閣告示「常用漢字表」（平成 22 年）によります。 旧字体での解答は不正解となります。
仮名遣い	内閣告示「現代仮名遣い」によります。
送り仮名	内閣告示「送り仮名の付け方」によります。
部首	『漢検要覧　2 〜 10 級対応』（公益財団法人日本漢字能力検定協会）収録 の「部首一覧表と部首別の常用漢字」によります。
合格基準	合格のめやすは、正答率 70％程度です。200 点満点ですから、140 点以 上とれれば合格の可能性大です。

●許容の範囲

　印刷物は一般的に明朝体と呼ばれる字体のものが多く、楷書体とは活字デザイン上若干の違いがあります。検定試験では、画数の変わってしまう書き方は不正解ですが、「つける・はなす」「はねる・とめる」など、解答として許容されるものがあります。これは、「常用漢字表」の「(付)字体についての解説」に取り上げられており、「明朝体の字形と筆写の楷書の字形との間には、いろいろな点で違いがある。それらは、印刷文字と手書き文字におけるそれぞれの習慣の相違に基づく表現の差と見るべきもの」と記されています。

　以下、明朝体と楷書体の差異に関する例の一部を「常用漢字表」から抜粋します。検定試験ではどちらで書いても正解となります。

①長短に関する例

無→無＝無

②方向に関する例

主→主＝主

③つけるか、はなすかに関する例

月→月＝月

④はらうか、とめるかに関する例

骨→骨＝骨

⑤はねるか、とめるかに関する例

糸→糸＝糸

⑥その他

令→令＝令

漢検受検ガイド

●公開会場

検定日 原則として毎年、6月・10月・翌年2月の日曜日の年3回。申し込み期間は、検定日の約3か月前から約1か月前。

検定会場 全国主要都市および海外主要都市。

申し込み方法

①インターネットで申し込み

日本漢字能力検定協会（以下漢検協会）のホームページ（https://www.kanken.or.jp/）の申し込みフォームにアクセスし、必要事項を入力。クレジットカード決済などで検定料を支払います。

②コンビニで申し込み

指定のコンビニに設置された端末機で申し込み手続きを行い、レジにて検定料を支払います。

③取り扱い書店で申し込み

取り扱い書店で検定料を支払い、願書などを受け取り、必要事項を記入の上、必着日までに協会へ郵送します。

＊①〜③以外にも、取り扱い機関（新聞社など）で申し込む方法があります。

いずれの場合も、検定日の約1週間前に受検票が届きます。1級・準1級・2級・準2級は受検票に顔写真を貼る必要があります。

●検定試験当日に持参するもの

　検定試験当日には、①受検票、②消しゴム、③筆記用具（HB・B・2Bえんぴつ、シャープペンシル）を必ず持っていきましょう。万年筆やボールペンは不可で、腕時計・ルーペは持ち込み可となっています。

●合否の通知

　検定日の約30日後から漢検ホームページにて合否結果を確認できます。また、検定日の約40日後に、合格者には合格証書・合格証明書・検定結果通知が、不合格者には検定結果通知が届きます。

漢検CBT（コンピュータ・ベースド・テスティング）

　漢検CBTとは、コンピュータを使って受検するシステムのことです。合格すると従来の検定試験と同じ資格を取得することができます。漢検CBTで受検できるのは2～7級で、検定料は従来の検定試験と同じ、申し込みはインターネットからのみです。

　通常の（紙での）検定試験とのちがいは、実施回数です。検定試験が年3回であるのに対し、漢検CBTは年末年始を除き毎日実施しています（実施日と試験時間は会場によって異なります）。

　試験会場は47都道府県、150箇所以上に設置されています。また、合否の結果が約10日でわかるので非常にスピーディといえます。

※詳しい情報は、漢検協会のホームページをご確認ください。

本書の特長

特長① よく出る問題だけを収録

　合格に必要な実力養成のために、過去の検定試験の出題データを約18年分独自に分析し、繰り返し出題された頻度（ひんど）の高い問題だけを取り上げて編集・構成しました。

　よく出る問題だけに的をしぼって、効率的に学習できます。収録している問題は、いずれもマスターしておきたい問題です。

特長② 3段階の「でる順」で効果的に学習

　本書は、出題データの分析結果にもとづき、よく出題される「でる度」の高い問題から順に3段階で構成しています。「でる度」は、★の数で示してあります。

　出題分野ごとに「でる順」で並んでいますので、最初から学習するほど効果的に実力をつけられます。

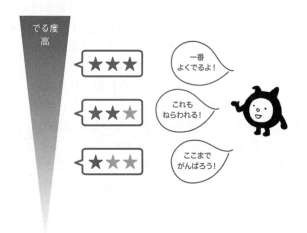

特長③　巻末付録「漢字資料」

　資料として「3級配当漢字表」「おもな特別な読み、熟字訓・当て字」も巻末に収録しています。学習の確認・整理に活用してください。

特長④　ダウンロード特典

　模擬試験2回分（解答付き）と原寸大解答用紙を無料でダウンロードできます。巻末の模擬試験とあわせて、本番前の実践対策として活用してください。

［ご利用方法］

以下の URL または QR コードからアクセスし、「漢検」カテゴリの該当級をダウンロードしてください。

URL：https://www.obunsha.co.jp/support/tokuten/

※サービスは予告なく終了する場合があります。

●紙面構成

でる度

出題<ruby>頻度<rt>ひんど</rt></ruby>の高い問題から順に、★★★ ★★★ ★★★ の3段階で構成しています。

出題分野名

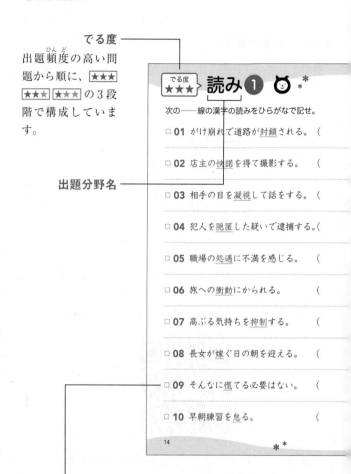

でる度
★★★

読み ❶ 😊 *

次の——線の漢字の読みをひらがなで記せ。

□ 01 がけ崩れで道路が封鎖される。　（

□ 02 店主の快諾を得て撮影する。　　（

□ 03 相手の目を凝視して話をする。　（

□ 04 犯人を隠匿した疑いで逮捕する。（

□ 05 職場の処遇に不満を感じる。　　（

□ 06 旅への衝動にかられる。　　　　（

□ 07 高ぶる気持ちを抑制する。　　　（

□ 08 長女が嫁ぐ日の朝を迎える。　　（

□ 09 そんなに慌てる必要はない。　　（

□ 10 早朝練習を怠る。　　　　　　　（

チェックボックス
間違えた問題に印を付けて復習できます。

合格点 **得点**

7/10 /10

解答 **解説**

1 （ ふうさ ） 閉ざして出入りができないようにすること。
[他例] 密封・完封・封印・開封

2 （ かいだく ） 気持ちよく承知すること。
[他例] 承諾・許諾・受諾

3 （ ぎょうし ） じっと見つめること。
[他例] 凝縮・凝結・凝固

4 （ いんとく ） 隠し持つこと。
[他例] 秘匿・匿名

5 （ しょぐう ） 人を評価してそれ相応にもてなすこと。
[他例] 待遇・遭遇・境遇・優遇

6 （ しょうどう ） よく考えずに発作的・本能的に何かをしようとする心の動き。
[他例] 折衝・衝撃・衝突

7 （ よくせい ） 勢いをおさえ止めること。
[他例] 抑揚・抑圧

8 （ とつ ） 嫁に行く。
[他例] 花嫁

9 （ あわ ） 驚いて急ぐ。
[他例] 慌ただしい

10 （ おこた ） なすべきことをしないでいる。
[他例] 怠ける

でる度 ★★★／★★／★

一番よくでるよ！

読み／同音・同訓異字／漢字の識別／熟語の構成／部首／対義語・類義語／送り仮名／四字熟語／誤字訂正／書き取り

15

解説

漢字の知識・理解を深められるよう、解説を充実させました。
問題の漢字や熟語の意味、部首名などを解説しています。

[他例] 過去に出題された同じ漢字の他の問題例や、同じ部首を持つ出題範囲内の漢字

[注意] 間違えやすいポイントなど、問題を解く上での注意点

13

次の──線の漢字の読みをひらがなで記せ。

□ **01** がけ崩れで道路が<u>封鎖</u>される。（　　　）

□ **02** 店主の<u>快諾</u>を得て撮影する。（　　　）

□ **03** 相手の目を<u>凝視</u>して話をする。（　　　）

□ **04** 犯人を<u>隠匿</u>した疑いで逮捕する。（　　　）

□ **05** 職場の<u>処遇</u>に不満を感じる。（　　　）

□ **06** 旅への<u>衝動</u>にかられる。（　　　）

□ **07** 高ぶる気持ちを<u>抑制</u>する。（　　　）

□ **08** 長女が<u>嫁</u>ぐ日の朝を迎える。（　　　）

□ **09** そんなに<u>慌</u>てる必要はない。（　　　）

□ **10** 早朝練習を<u>怠</u>る。（　　　）

一番
よくでるよ！

でる度　★★★
★★
★

読み

同音・同訓異字

漢字の識別

熟語の構成

部首

対義語・類義語

送り仮名

四字熟語

誤字訂正

書き取り

解答　　**解説**

01 (ふうさ)
閉ざして出入りができないようにすること。
[他例] 密封・完封・封印・開封

02 (かいだく)
気持ちよく承知すること。
[他例] 承諾・許諾・受諾

03 (ぎょうし)
じっと見つめること。
[他例] 凝縮・凝結・凝固

04 (いんとく)
隠し持つこと。
[他例] 秘匿・匿名

05 (しょぐう)
人を評価してそれ相応にもてなすこと。
[他例] 待遇・遭遇・境遇・優遇

06 (しょうどう)
よく考えずに発作的・本能的に何かをしようとする心の動き。
[他例] 折衝・衝撃・衝突

07 (よくせい)
勢いをおさえ止めること。
[他例] 抑揚・抑圧

08 (とつ)
嫁に行く。
[他例] 花嫁

09 (あわ)
驚いて急ぐ。
[他例] 慌ただしい

10 (おこた)
なすべきことをしないでいる。
[他例] 怠ける

次の——線の漢字の読みをひらがなで記せ。

□ 01 事業を行う資金は潤沢だ。　　（　　　　）

□ 02 徐々に破滅の一途をたどる。　（　　　　）

□ 03 幻想的なオーロラの写真を飾る。（　　　　）

□ 04 家賃を滞納して追い出される。　（　　　　）

□ 05 昇降口にスロープを設置する。　（　　　　）

□ 06 抑揚をつけて朗読する。　　　（　　　　）

□ 07 彼は卓抜した記憶力の持ち主だ。（　　　　）

□ 08 司会者が参加者に発言を促す。　（　　　　）

□ 09 今年の冬は凍えるような寒さだ。（　　　　）

□ 10 敵を欺くにはまず味方から。　　（　　　　）

一番よくでるよ！

解答 **解説**

読み

同音・同訓異字

漢字の識別

熟語の構成

部首

対義語・類義語

送り仮名

四字熟語

誤字訂正

書き取り

01（ じゅんたく ）

物が豊富にあるさま。
他例 豊潤・湿潤・潤滑

02（ はめつ ）

だめになって滅びること。
他例 幻滅・滅亡・絶滅・消滅・滅相

03（ げんそう ）

幻想的＝現実を離れて、夢でも見ているようなさま。
他例 幻滅・幻影・幻覚

04（ たいのう ）

期限を過ぎても金品を納めないこと。
他例 停滞・滞在・滞留・遅滞・沈滞

05（ しょうこう ）

のぼることとおりること。
他例 昇進・昇任・昇格・昇華

06（ よくよう ）

言葉・文章などの調子の高低。イントネーション。
他例 浮揚・高揚・掲揚

07（ たくばつ ）

ずば抜けて優れていること。
他例 卓越・卓見・卓球

08（ うなが ）

そうするように勧める。

09（ こご ）

寒さのために体の感覚がなくなって自由がきかなくなる。

10（ あざむ ）

言葉巧みにうそをついてだます。

次の──線の漢字の読みをひらがなで記せ。

□ **01** 耐えがたい<u>屈辱</u>を味わう。　　　（　　　　）

□ **02** 図書館の<u>閲覧</u>室で資料を読む。　（　　　　）

□ **03** 市内に大型商業施設を<u>誘致</u>する。（　　　　）

□ **04** 他人への配慮が<u>欠如</u>している。　（　　　　）

□ **05** これ以上<u>譲歩</u>することはできない。（　　　　）

□ **06** <u>魅惑</u>的な振り付けで華麗に踊る。（　　　　）

□ **07** 貴重な資源を<u>埋蔵</u>している地域。（　　　　）

□ **08** なんとかその場を<u>繕</u>う。　　　　（　　　　）

□ **09** 部品が不足して作業が<u>滞</u>る。　　（　　　　）

□ **10** 新商品の開発に<u>携</u>わる。　　　　（　　　　）

* *

解答

解説

読み

同音・同訓異字

漢字の識別

熟語の構成

部首

対義語・類義語

送り仮名

四字熟語

誤字訂正

書き取り

01 （ くつじょく ）

屈服させられてはずかしめを受けること。
他例 雪辱・恥辱

02 （ えつらん ）

書籍・書類などを調べながら見たり読んだりすること。
他例 校閲・検閲

03 （ ゆうち ）

誘い寄せること。
他例 勧誘・誘発・誘惑・誘導

04 （ けつじょ ）

欠けていて足りないこと。
他例 突如・躍如

05 （ じょうほ ）

自分の主張を曲げて他の意見に歩み寄ること。
他例 譲与・譲渡・互譲・分譲

06 （ みわく ）

魅力によって人の心をひきつけ惑わすこと。
他例 魅了・魅力

07 （ まいぞう ）

地中に埋まっていること。
他例 埋没・埋葬・埋設

08 （ つくろ ）

都合の悪い点を隠して、体よく整える。

09 （ とどこお ）

物事が順調に進まないで、つかえる。

10 （ たずさ ）

ある仕事に関係する。かかわる。

次の——線の漢字の読みをひらがなで記せ。

□ **01** 長い闘病記を<u>克明</u>につづる。　（　　　　）

□ **02** 飛行機が<u>滑走路</u>から飛び立つ。（　　　　）

□ **03** 試合終盤に<u>痛恨</u>のミスを犯す。（　　　　）

□ **04** 中期経営計画の<u>概要</u>を解説する。（　　　　）

□ **05** 博物館で特別展が<u>開催</u>される。（　　　　）

□ **06** 入院中の祖父が<u>危篤</u>におちいる。（　　　　）

□ **07** 講演の一部を<u>抜粋</u>して放送する。（　　　　）

□ **08** 過去の失敗をいつまでも<u>悔</u>やむ。（　　　　）

□ **09** 岩陰に<u>潜</u>む魚を網で捕まえる。　（　　　　）

□ **10** 家族を<u>伴</u>って新たな任地に<u>赴</u>く。（　　　　）

合格点	得点
7/10	/10

一番
よくでるよ！

読み

同音・同訓異字

漢字の識別

熟語の構成

部首

対義語・類義語

送り仮名

四字熟語

誤字訂正

書き取り

解答 / 解説

01 (こくめい)
細かい点まではっきりさせるさま。
他例 克服・相克

02 (かっそうろ)
飛行機が離着陸するための通路。
他例 円滑・潤滑・滑降・滑車

03 (つうこん)
ひどく残念に思うこと。
他例 悔恨・遺恨

04 (がいよう)
全体のあらまし。だいたい。
他例 概略・気概・概況・概算

05 (かいさい)
会合や催し物を行うこと。
他例 催眠・催促・主催・共催

06 (きとく)
病気が重く、生命が危ういこと。
他例 篤実・篤志家・篤学

07 (ばっすい)
必要な部分を抜き出すこと。
他例 純粋・無粋・不粋

08 (く)
過去の自分の行動を残念に思う。
他例 悔しい・悔いる

09 (ひそ)
人目につかないところに隠れる。
他例 潜る

10 (おもむ)
その方向に向かって行く。

次の──線の漢字の読みをひらがなで記せ。

□ **01** 人生の岐路に直面する。　　　（　　　　）

□ **02** 自派から総裁候補を擁立する。（　　　　）

□ **03** 目標もなく空虚な生活を送る。（　　　　）

□ **04** この部屋で暫時お待ちください。（　　　　）

□ **05** 彼女は潔癖な性格だ。　　　　（　　　　）

□ **06** 湿潤な地域に生息する動物。　（　　　　）

□ **07** 社長は極めてご満悦でした。　（　　　　）

□ **08** 最後まで信念を貫く。　　　　（　　　　）

□ **09** やみに紛れて逃げる。　　　　（　　　　）

□ **10** スニーカーのひもを少し緩める。（　　　　）

読み

同音・同訓異字

漢字の識別

熟語の構成

部首

対義語・類義語

送り仮名

四字熟語

誤字訂正

書き取り

合格点	得点
7/10	/10

一番
よくでるよ！

*

でる度 ★★★
★★
★

解答

解説

01 (きろ)

分かれ道。
他例 多岐・分岐

02 (ようりつ)

周囲からもり立てて、高い位や役などに
つかせること。
他例 擁護・抱擁

03 (くうきょ)

内容や実質のないさま。むなしいさま。
他例 虚勢・虚脱・虚栄・虚飾

04 (ざんじ)

しばらく。少しの間。
他例 暫定

05 (けっぺき)

不潔や不正を極端にきらうさま。
他例 習癖

06 (しつじゅん)

湿り気の多いこと。
他例 湿原・多湿・湿度・湿布

07 (まんえつ)

満足して喜ぶこと。
他例 恐悦

08 (つらぬ)

一つのことを変えずに最後までやりぬく。

09 (まぎ)

入り混じって区別しにくくなる。

10 (ゆる)

物の結びや締めつけをそれまでより弱く
する。

次の――線の漢字の読みをひらがなで記せ。

□ **01** 常軌を失った行動を批判する。（　　　）

□ **02** 緊迫したゲーム展開だ。（　　　）

□ **03** 他の追随を許さぬ業績をあげる。（　　　）

□ **04** 絶景を前に詠嘆の声が漏れる。（　　　）

□ **05** 他の店より廉価で販売する。（　　　）

□ **06** 穏便にとりはからう。（　　　）

□ **07** 険阻な山岳地帯が続く。（　　　）

□ **08** 許可が出るまで粘る。（　　　）

□ **09** 恵みの雨が乾いた大地を潤す。（　　　）

□ **10** 彼は名実相伴う名医だ。（　　　）

読み

同音・同訓異字

漢字の識別

熟語の構成

部首

対義語・類義語

送り仮名

四字熟語

誤字訂正

書き取り

合格点	得点
7/10	/10

一番よくでるよ！

でる度 ★★★ ★★ ★

解答 / 解説

01 (じょうき)
普通のやりかた。
他例 軌道・軌跡

02 (きんぱく)
情勢が差し迫り、油断のできない状態になること。
他例 緊密・緊急

03 (ついずい)
人のあとにつきしたがっていくこと。まねること。
他例 随時・随所・随分・随想

04 (えいたん)
感動を声に出すこと。
他例 朗詠

05 (れんか)
値段が安いこと。
他例 清廉・破廉恥・廉売

06 (おんびん)
穏やかで、角が立たないように扱うさま。
他例 穏当・平穏・穏健・穏和

07 (けんそ)
地勢などの険しいさま。
他例 阻止・阻害

08 (ねば)
根気強くがんばる。

09 (うるお)
適度に湿らせる。
他例 潤む

10 (あいともな)
名実相伴う＝評判も実質もともにあわせもつ。

次の——線の漢字の読みをひらがなで記せ。

□ **01** 甲高い悲鳴がした。　　　　　（　　　　）

□ **02** 寝食を忘れて趣味に没頭する。（　　　　）

□ **03** 突然焦燥感にさいなまれる。　（　　　　）

□ **04** 各地を漂泊して俳句を詠む。　（　　　　）

□ **05** 小さな画廊で一枚の絵を買う。（　　　　）

□ **06** 企業の顧問弁護士として働く。（　　　　）

□ **07** 古代の墳墓から出土した装飾品。（　　　）

□ **08** 壁にポスターを掲げる。　　　（　　　　）

□ **09** 大規模な博覧会を催す。　　　（　　　　）

□ **10** ふすまを閉めて部屋を隔てる。（　　　　）

読み

同音・同訓異字

漢字の識別

熟語の構成

部首

対義語・類義語

送り仮名

四字熟語

誤字訂正

書き取り

解答 / 解説

01 (かんだか)

声や音の調子が高く鋭い。
他例 甲乙

02 (ぼっとう)

一つの物事に精神を集中して他のことを考えないこと。
他例 埋没・没収・出没

03 (しょうそう)

あせっていらいらすること。
他例 焦点

04 (ひょうはく)

あてもなくさまよい歩くこと。
他例 漂着・漂白

05 (がろう)

絵などの美術品を陳列するところ。ギャラリー。
他例 廊下

06 (こもん)

会社・団体などで、相談を受けて助言・指導する役目。
他例 回顧・顧慮・愛顧

07 (ふんぼ)

墓場。墓。
他例 古墳

08 (かか)

人目に触れるように示す。

09 (もよお)

計画・準備して会などをもつ。挙行する。

10 (へだ)

間に物を置いてさえぎる。距離をおく。

次の——線の漢字の読みをひらがなで記せ。

□ 01 会見の冒頭で社長が陳謝した。　（　　　）

□ 02 部下を掌握する。　（　　　）

□ 03 ダム建設に膨大な費用をかける。（　　　）

□ 04 彼の審美眼にかなう絵画だ。　（　　　）

□ 05 文字の間隔を均等にあける。　（　　　）

□ 06 悔恨の情にかられる。　（　　　）

□ 07 一点差で惜敗した。　（　　　）

□ 08 細部まで凝った装飾品。　（　　　）

□ 09 タオルを洗って絞る。　（　　　）

□ 10 落ちこんでいる友人を慰める。　（　　　）

合格点
7/10

得点
/10

一番
よくでるよ！

でる度
★★★
★★
★

解答

解説

読み

同音・同訓異字

漢字の識別

熟語の構成

部首

対義語・類義語

送り仮名

四字熟語

誤字訂正

書き取り

01 (ちんしゃ)

事情を述べて、あやまること。
他例 陳腐・陳列・陳情

02 (しょうあく)

自分が支配して意のままにすること。
他例 掌中

03 (ぼうだい)

非常に大きいさま。見極めがつかないほど多量な状態。
他例 膨張

04 (しんびがん)

美しいものとみにくいものを見分ける力。
他例 審議・審査・陪審

05 (かんかく)

物と物との距離。
他例 隔絶・隔年・遠隔・隔離・隔世

06 (かいこん)

してしまったあやまちを悔やむこと。
他例 悔悟・後悔

07 (せきはい)

試合・勝負に惜しくも負けること。
他例 惜別・惜春

08 (こ)

細かいところまで心をくばり工夫する。

09 (しぼ)

強く押したりねじったりして含まれている水気や液を出す。

10 (なぐさ)

寂しさ・悲しみ・苦しみ・不満足なことなどを忘れさせ、心を和ませる。

次の──線のカタカナにあてはまる漢字をそれぞれの
ア～オから一つ選び、記号を記せ。

□ **01** 今年度の<u>シ</u>政方針を述べる。　　　（　　）

□ **02** <u>シ</u>問機関の回答を待つ。　　　　　（　　）

□ **03** 社会福<u>シ</u>に力を注ぐ。　　　　　　（　　）

（ア 旨　イ 祉　ウ 施　エ 刺　オ 諮）

□ **04** 悪質な営業<u>ボウ</u>害をする。　　　　（　　）

□ **05** 無<u>ボウ</u>な作戦であえなく敗退する。（　　）

□ **06** 留学先で耐<u>ボウ</u>生活を送る。　　　（　　）

（ア 乏　イ 謀　ウ 房　エ 妨　オ 膨）

□ **07** 放置していて緩んだネジを<u>シ</u>める。（　　）

□ **08** 二人分の座席を<u>シ</u>める。　　　　　（　　）

□ **09** 国民に負担を<u>シ</u>いる政策をとる。（　　）

（ア 占　イ 敷　ウ 絞　エ 強　オ 締）

解答　　　　　　　　　解説

01 （ **ウ** ）　施政＝政治を行うこと。
[他例] 施策・施設・施行

02 （ **オ** ）　諮問＝有識者やある特定の機関に対し、政策などの意見をたずね求めること。

03 （ **イ** ）　福祉＝幸福。特に、社会に生きる人々の生活上の幸福。

04 （ **エ** ）　妨害＝邪魔をすること。

05 （ **イ** ）　無謀＝ある行為をした結果がどうなるかをよく考えないで行動すること。
[他例] 陰謀・策謀・謀略

06 （ **ア** ）　耐乏＝物がない不自由さに耐えること。
[他例] 欠乏

07 （ **オ** ）　締める＝かたく結んだりねじったりして、緩みのないようにする。

08 （ **ア** ）　占める＝ある物・場所・地位などを自分のものとする。

09 （ **エ** ）　強いる＝無理にやらせる。

読み

同音・同訓異字

漢字の識別

熟語の構成

部首

対義語・類義語

送り仮名

四字熟語

誤字訂正

書き取り

次の――線のカタカナにあてはまる漢字をそれぞれの
ア～オから一つ選び、記号を記せ。

□ **01** 険ソな山を登る。 （ 　 ）

□ **02** 適切なソ置をとる。 （ 　 ）

□ **03** 彼のソ暴な振る舞いは許せない。 （ 　 ）

（ア 粗 イ 祖 ウ 礎 エ 阻 オ 措）

□ **04** 突然のことに動ヨウする。 （ 　 ）

□ **05** 涙を流しながら抱ヨウを交わす。 （ 　 ）

□ **06** グラウンドに国旗を掲ヨウする。 （ 　 ）

（ア 擁 イ 謡 ウ 揺 エ 揚 オ 踊）

□ **07** 彼女の的をイた発言に賛同する。 （ 　 ）

□ **08** 茶がまをイる。 （ 　 ）

□ **09** どうしても金がイる。 （ 　 ）

（ア 居 イ 射 ウ 鋳 エ 入 オ 要）

読み

同音・同訓異字

漢字の識別

熟語の構成

部首

対義語・類義語

送り仮名

四字熟語

誤字訂正

書き取り

解答　　解説

01 （ エ ）　険阻＝地勢などの険しいさま。
[他例] 阻止・阻害

02 （ オ ）　措置＝始末がつくよう取り計らうこと。

03 （ ア ）　粗暴＝乱暴で荒々しいさま。
[他例] 粗野・粗末

04 （ ウ ）　動揺＝心の落ち着きを失うこと。

05 （ ア ）　抱擁＝抱きかかえること。
[他例] 擁護・擁立

06 （ エ ）　掲揚＝高く掲げること。
[他例] 抑揚・高揚・宣揚

07 （ イ ）　的を射る＝要点をとらえる。

08 （ ウ ）　鋳る＝金属を溶かし、型に入れて器物をつくる。

09 （ オ ）　要る＝必要である。費用がかかる。

次の──線のカタカナにあてはまる漢字をそれぞれの
ア〜オから一つ選び、記号を記せ。

□ **01** 部下を**ショウ**握する。　　　　　（　　）

□ **02** ライバルの出現に**ショウ**燥する。（　　）

□ **03** 文壇の巨**ショウ**と言われる作家。（　　）

（**ア** 焦　**イ** 掌　**ウ** 衝　**エ** 昇　**オ** 匠）

□ **04** 拝**ケイ**から手紙を書き出す。　　（　　）

□ **05** 新聞に投書が**ケイ**載される。　　（　　）

□ **06** 三年**ケイ**約で家を借りる。　　　（　　）

（**ア** 携　**イ** 憩　**ウ** 契　**エ** 掲　**オ** 啓）

□ **07** 谷川の水で米を**ト**ぐ。　　　　　（　　）

□ **08** かねてからの思いを**ト**げた。　　（　　）

□ **09** **ト**った写真を焼き増しする。　　（　　）

（**ア** 遂　**イ** 撮　**ウ** 容　**エ** 研　**オ** 採）

解答

読み

同音・同訓異字

漢字の識別

熟語の構成

部首

対義語・類義語

送り仮名

四字熟語

誤字訂正

書き取り

解説

01 （ イ ）
掌握＝自分が支配して意のままにすること。
他例 掌中・車掌・合掌

02 （ ア ）
焦燥＝いらだちあせること。
他例 焦慮・焦点

03 （ オ ）
巨匠＝文学・芸術の分野で特に優れた実績のある人。大家。
他例 意匠・名匠

04 （ オ ）
拝啓＝手紙の最初に書く、相手に敬意を表すあいさつの言葉。
他例 啓発・啓示

05 （ エ ）
掲載＝新聞や雑誌に文章や写真などを載せること。
他例 掲示

06 （ ウ ）
契約＝売買・交換・貸借・雇用などに関して、ある条件のもとで決めた約束。
他例 契機

07 （ エ ）
研ぐ＝水に入れて、こすって洗う。

08 （ ア ）
遂げる＝しようと思ったことを目的どおりしおおせる。果たす。

09 （ イ ）
撮る＝写真などを写す。

次の——線のカタカナにあてはまる漢字をそれぞれの
ア～オから一つ選び、記号を記せ。

□ **01** ニューヨークに**タイ**在する。　　（　　）

□ **02** 新しい勢力が**タイ**動する。　　（　　）

□ **03** **タイ**慢な態度で評判が悪い。　　（　　）

（ア 怠　イ 滞　ウ 替　エ 耐　オ 胎）

□ **04** 無事に売買契約を**テイ**結する。　　（　　）

□ **05** 辞書を大幅に改**テイ**する。　　（　　）

□ **06** 書式の**テイ**裁を整える。　　（　　）

（ア 抵　イ 体　ウ 締　エ 訂　オ 帝）

□ **07** 読みかけの本を机に**フ**せる。　　（　　）

□ **08** 学生時代を**フ**り返ってみる。　　（　　）

□ **09** 火口から煙が**フ**き出す。　　（　　）

（ア 降　イ 触　ウ 伏　エ 噴　オ 振）

読み

同音・同訓異字

漢字の識別

熟語の構成

部首

対義語・類義語

送り仮名

四字熟語

誤字訂正

書き取り

解答　　　**解説**

01 （ **イ** ）　滞在＝よそへ行って、そこにある期間とどまること。
他例 停滞・沈滞

02 （ **オ** ）　胎動＝内部の新しい動きが表面化するきざしの見えること。
他例 胎児

03 （ **ア** ）　怠慢＝気を緩めてなまけるさま。

04 （ **ウ** ）　締結＝契約または条約をとりむすぶこと。

05 （ **エ** ）　改訂＝書物などの誤りを正し不足を補うなど、内容をよりよく改めること。

06 （ **イ** ）　体裁＝外から見たときの感じ・様子。
他例 体よく

07 （ **ウ** ）　伏せる＝表面を下へ向かせる。体などを寝かせる。

08 （ **オ** ）　振り返る＝過ぎた時を思う。回想する。

09 （ **エ** ）　噴き出す＝勢いよく外に出る。

次の——線のカタカナにあてはまる漢字をそれぞれの
ア～オから一つ選び、記号を記せ。

□ **01** 電車は五分間**カク**で発車する。　（　　）

□ **02** 輪**カク**の美しい顔。　（　　）

□ **03** 試合に敗れたが収**カク**はあった。（　　）

（ア 隔　イ 穫　ウ 獲　エ 革　オ 郭）

□ **04** 彼の証言とまさに**フ**合する。　（　　）

□ **05** 父は単身でロンドンに**フ**任した。（　　）

□ **06** **フ**敗した政界を嘆く。　（　　）

（ア 浮　イ 赴　ウ 負　エ 符　オ 腐）

□ **07** 部品の加工を**ウ**け負っている。　（　　）

□ **08** 見事に主君の敵を**ウ**った。　（　　）

□ **09** 川にボートを**ウ**かべる。　（　　）

（ア 請　イ 受　ウ 浮　エ 得　オ 討）

読み

同音・同訓異字

漢字の識別

熟語の構成

部首

対義語・類義語

送り仮名

四字熟語

誤字訂正

書き取り

解答 / 解説

01 （ ア ）

間隔＝物と物とのあいだの距離。
他例 隔離・隔絶・遠隔・隔年

02 （ オ ）

輪郭＝物の外形をふちどる線。
他例 城郭・外郭

03 （ イ ）

収穫＝あることをして得たよい結果。成果。

04 （ エ ）

符合＝二つ以上の事柄がぴったり合致すること。
他例 終止符・符号

05 （ イ ）

赴任＝任地におもむくこと。

06 （ オ ）

腐敗＝精神が誠実さを失い、道義が低下すること。くさること。
他例 腐心・腐食

07 （ ア ）

請け負う＝頼まれて引き受ける。

08 （ オ ）

敵を討つ＝相手に仕返しをする。

09 （ ウ ）

浮く＝物が水面や空中などに存在する。

漢字の識別 ❶

三つの□に共通する漢字を入れて熟語を作れ。漢字は
1〜5、6〜10それぞれ右の□□から一つ選び、記号を記せ。

□ **01** 悲□・□願・□歓　（　　）

ア	嘆
イ	誘
ウ	路
エ	告
オ	哀
カ	削
キ	彫
ク	隔
ケ	付
コ	偶

□ **02** 遠□・□離・横□膜　（　　）

□ **03** 勧□・□致・□惑　（　　）

□ **04** □像・配□者・□発　（　　）

□ **05** 添□・□減・□除　（　　）

□ **06** □立・□護・抱□　（　　）

ア	潜
イ	脅
ウ	励
エ	擁
オ	搬
カ	取
キ	悦
ク	絶
ケ	緊
コ	設

□ **07** □入・沈□・□在　（　　）

□ **08** □迫・□縮・□張　（　　）

□ **09** □行・激□・奮□　（　　）

□ **10** □楽・喜□・満□　（　　）

解答 / **解説**

01（オ）
悲哀＝悲しくあわれなこと。
哀願＝人の同情心に訴えて、頼み願うこと。
哀歓＝悲しみと喜び。
〔他例〕哀惜／哀切／哀感

02（ク）
遠隔＝遠く離れていること。
隔離＝へだてて離しておくこと。
横隔膜＝胸腔と腹腔の間にある筋肉の膜。
〔他例〕隔世／隔絶／間隔

03（イ）
勧誘＝勧めさそうこと。
誘致＝さそい寄せること。
誘惑＝相手を迷わせてさそいこむこと。
〔他例〕誘導／誘発

04（コ）
偶像＝信仰の対象とする像。
配偶者＝夫婦の一方が、他方をさしていう語。
偶発＝思いがけなく起こること。
〔他例〕偶数／偶然

05（カ）
添削＝文章・答案などに手を加えて直すこと。
削減＝減らすこと。
削除＝取り去ること。
〔他例〕掘削

06（エ）
擁立＝周囲からもり立てて役につかせること。
擁護＝かばい守ること。
抱擁＝抱きかかえること。

07（ア）
潜入＝こっそり入り込むこと。
沈潜＝水の底に深く沈み隠れること。
潜在＝表面に出ないで内に存在すること。
〔他例〕潜伏／潜行／潜水

08（ケ）
緊迫＝油断のできない状態になること。
緊縮＝かたく引き締めること。
緊張＝神経を張りつめ、体を硬くすること。
〔他例〕緊密

09（ウ）
励行＝努力して行うこと。
激励＝はげまして元気づけること。
奮励＝気持ちを奮い立たせて努めること。
〔他例〕精励／勉励

10（キ）
悦楽＝よろこびを得て楽しむこと。
喜悦＝心からよろこぶこと。
満悦＝心が満ち足りてよろこぶこと。

三つの□に共通する漢字を入れて熟語を作れ。漢字は1〜5、6〜10それぞれ右の□□から一つ選び、記号を記せ。

□ 01 □権・□却・破□ （　　）

□ 02 潜□・屈□・□兵 （　　）

□ 03 円□・□走・□車 （　　）

□ 04 交□・□誤・□覚 （　　）

□ 05 □鎖・密□・□建的 （　　）

ア	満
イ	滑
ウ	錯
エ	封
オ	債
カ	伏
キ	在
ク	際
ケ	棄
コ	閉

□ 06 □走・□駆・□風 （　　）

□ 07 強□・□直・□貨 （　　）

□ 08 □在・停□・□納 （　　）

□ 09 □亡・幻□・点□ （　　）

□ 10 □号・音□・切□ （　　）

ア	滞
イ	硬
ウ	怒
エ	存
オ	符
カ	競
キ	豪
ク	滅
ケ	逃
コ	疾

	解答	解説	他例
01	（ケ）	棄権=権利を捨てること。 棄却=捨てて取り上げないこと。 破棄=約束を一方的に取り消すこと。	放棄 遺棄 投棄
02	（カ）	潜伏=見つからぬようこっそり隠れていること。 屈伏=勢いに負けて降参すること。 伏兵=予期しない敵や障害。	伏線 降伏 起伏
03	（イ）	円滑=物事が順調に進むこと。 滑走=すべるように走ること。 滑車=周囲のみぞに綱をかけて回転させる車。	滑稽 潤滑
04	（ウ）	交錯=いくつかのものが入りまじること。 錯誤=誤り。 錯覚=思い違い。かん違い。	錯乱
05	（エ）	封鎖=出入りできないように閉ざすこと。 密封=袋などをかたく閉じること。 封建的=個人を軽視し上下関係を重んじるさま。	完封 開封
06	（コ）	疾走=非常に速く走ること。 疾駆=馬や車を速く走らせること。 疾風=速く吹く風。	
07	（イ）	強硬=強く主張して譲らないこと。 硬直=筋肉がこわばること。 硬貨=金属でつくったお金。コイン。	硬筆 硬球 生硬
08	（ア）	滞在=よそへ行ってある期間とどまること。 停滞=物事がはかどらないこと。 滞納=期限内に金品を納めないこと。	沈滞 延滞 遅滞
09	（ク）	滅亡=ほろびること。 幻滅=想像と現実とが違いがっかりすること。 点滅=明かりがついたり消えたりすること。	隠滅 滅却 破滅
10	（オ）	符号=文字以外のしるし。記号。 音符=音楽で、音を表す記号。 切符=料金を払った証明になるふだ。	

読み

同音・同訓異字

漢字の識別

熟語の構成

部首

対義語・類義語

送り仮名

四字熟語

誤字訂正

書き取り

43

三つの□に共通する漢字を入れて熟語を作れ。漢字は1～5、6～10それぞれ右の□□から一つ選び、記号を記せ。

□ 01 平□・□当・□健 （ 　 ）

ア 等
イ 卑
ウ 墜
エ 隆
オ 配
カ 穏
キ 退
ク 没
ケ 顧
コ 奮

□ 02 興□・□起・□盛 （ 　 ）

□ 03 □落・埋□・出□ （ 　 ）

□ 04 □屈・野□・□下 （ 　 ）

□ 05 □慮・□問・□客 （ 　 ）

□ 06 □除・□斤・□出 （ 　 ）

ア 排
イ 開
ウ 跡
エ 施
オ 随
カ 削
キ 陽
ク 謀
ケ 戯
コ 湾

□ 07 陰□・□略・共□ （ 　 ）

□ 08 □設・□策・実□ （ 　 ）

□ 09 □曲・港□・□岸 （ 　 ）

□ 10 追□・□筆・付□ （ 　 ）

解答 　　**解説**

	読み
	同音・同訓異字
	漢字の識別
	熟語の構成
	部首
	対義語・類義語
	送り仮名
	四字熟語
	誤字訂正
	書き取り

01 （カ）
平穏＝事件もなくおだやかなこと。
穏当＝おだやかで無理がないこと。
穏健＝考え方・言動などが常識的であること。
他例　穏便／不穏／安穏

02 （エ）
興隆＝物事がおこり、盛んになること。
隆起＝高く盛り上がること。
隆盛＝栄えて勢いの盛んなこと。

03 （ク）
没落＝栄えていたものが衰えて滅びること。
埋没＝埋もれ隠れてしまうこと。
出没＝現れたり隠れたりすること。
他例　没収／沈没／水没

04 （イ）
卑屈＝へつらい、へりくだること。
野卑＝言動が下品でいやしいこと。
卑下＝自分を劣ったものとして振る舞うこと。
他例　卑劣／卑俗／尊卑

05 （ケ）
顧慮＝心を配って気にかけること。
顧問＝助言・指導する役目。また、その人。
顧客＝お得意。ひいきの客。
他例　愛顧／回顧／後顧

06 （ア）
排除＝障害や不要な物を取り除くこと。
排斥＝そのものをきらって押しのけること。
排出＝中にたまった不要物を外へ出すこと。
他例　排他／排水

07 （ク）
陰謀＝ひそかに企てた悪い計画。
謀略＝人をおとしいれるはかりごと。
共謀＝共同して悪事をたくらむこと。
他例　無謀／参謀／策謀

08 （ウ）
施設＝ある目的のためにつくられた設備。
施策＝行政機関が行う対策。
実施＝実際に行うこと。
他例　施行

09 （コ）
湾曲＝弓なりに曲がること。
港湾＝停泊した船の荷を上げ下ろしできる所。
湾岸＝入り江に沿った陸地。

10 （オ）
追随＝人の後をついて行くこと。
随筆＝体験や感想などを自由に書いた文章。
付随＝他の物事に付き従って生じること。
他例　随所／随意／随一

熟語の構成のしかたには次のようなものがある。

> ア 同じような意味の漢字を重ねたもの（**岩石**）
> イ 反対または対応の意味を表す字を重ねたもの（**高低**）
> ウ 上の字が下の字を修飾しているもの（**洋画**）
> エ 下の字が上の字の目的語・補語になっているもの（**着席**）
> オ 上の字が下の字の意味を打ち消しているもの（**非常**）

次の熟語は、上のどれにあたるか、記号で記せ。

□ **01** 捕鯨 （　　　）

□ **02** 孤独 （　　　）

□ **03** 不審 （　　　）

□ **04** 哀歓 （　　　）

□ **05** 慰霊 （　　　）

□ **06** 墜落 （　　　）

□ **07** 愛憎 （　　　）

□ **08** 暫定 （　　　）

□ **09** 幼稚 （　　　）

□ **10** 濫用 （　　　）

よく考えてみよう！

読み

同音・同訓異字

漢字の識別

熟語の構成

部首

対義語・類義語

送り仮名

四字熟語

誤字訂正

書き取り

解答　　　　　　　**解説**

01（ エ ）　捕鯨（ほげい）　「捕る ← 鯨を」と解釈。

02（ ア ）　孤独（こどく）　どちらも「ひとり」の意。

03（ オ ）　不審（ふしん）　「明らかでない」と解釈。

04（ イ ）　哀歓（あいかん）　「悲しみ」⟷「喜び」と解釈。

05（ エ ）　慰霊（いれい）　「慰める ← 霊を」と解釈。

06（ ア ）　墜落（ついらく）　どちらも「落ちる」の意。

07（ イ ）　愛憎（あいぞう）　「愛する」⟷「憎む」と解釈。

08（ ウ ）　暫定（ざんてい）　「一時的に → 定める」と解釈。

09（ ア ）　幼稚（ようち）　どちらも「幼い」の意。

10（ ウ ）　濫用（らんよう）　「むやみに → 用いる」と解釈。

熟語の構成のしかたには次のようなものがある。

> **ア** 同じような意味の漢字を重ねたもの（**岩石**）
> **イ** 反対または対応の意味を表す字を重ねたもの（**高低**）
> **ウ** 上の字が下の字を修飾しているもの（**洋画**）
> **エ** 下の字が上の字の目的語・補語になっているもの（**着席**）
> **オ** 上の字が下の字の意味を打ち消しているもの（**非常**）

次の熟語は、上のどれにあたるか、記号で記せ。

□ **01** 後悔 （　　　）

□ **02** 炊飯 （　　　）

□ **03** 欠乏 （　　　）

□ **04** 未了 （　　　）

□ **05** 虚実 （　　　）

□ **06** 犠牲 （　　　）

□ **07** 換気 （　　　）

□ **08** 疾走 （　　　）

□ **09** 緩急 （　　　）

□ **10** 排他 （　　　）

一番よくでるよ！

よく考えてみよう！

読み

同音・同訓異字

漢字の識別

熟語の構成

部首

対義語・類義語

送り仮名

四字熟語

誤字訂正

書き取り

解答 **解説**

01 （ ウ ） 後悔 「後で → 悔やむ」と解釈。

02 （ エ ） 炊飯 「炊く ← 飯を」と解釈。

03 （ ア ） 欠乏 どちらも「足りない」の意。

04 （ オ ） 未了 「まだ終わっていない」と解釈。

05 （ イ ） 虚実 「うそ」←→「まこと」と解釈。

06 （ ア ） 犠牲 どちらも「いけにえ」の意。

07 （ エ ） 換気 「換える ← 空気を」と解釈。

08 （ ウ ） 疾走 「速く → 走る」と解釈。

09 （ イ ） 緩急 「遅い」←→「速い」と解釈。

10 （ エ ） 排他 「退ける ← 他を」と解釈。

熟語の構成のしかたには次のようなものがある。

> ア 同じような意味の漢字を重ねたもの (**岩石**)
> イ 反対または対応の意味を表す字を重ねたもの (**高低**)
> ウ 上の字が下の字を修飾しているもの (**洋画**)
> エ 下の字が上の字の目的語・補語になっているもの (**着席**)
> オ 上の字が下の字の意味を打ち消しているもの (**非常**)

次の熟語は、上のどれにあたるか、記号で記せ。

□ **01** 愚問 (　　　)

□ **02** 免職 (　　　)

□ **03** 無謀 (　　　)

□ **04** 精粗 (　　　)

□ **05** 緩慢 (　　　)

□ **06** 徐行 (　　　)

□ **07** 超越 (　　　)

□ **08** 棄権 (　　　)

□ **09** 屈伸 (　　　)

□ **10** 撮影 (　　　)

合格点　得点

7/10　/10

一番よくでるよ！

でる度 ★★★ ★★ ★

読み

同音・同訓異字

漢字の識別

熟語の構成

部首

対義語・類義語

送り仮名

四字熟語

誤字訂正

書き取り

よく考えてみよう！

解答　　　　　**解説**

01 （ ウ ）　愚問　「愚かな → 質問」と解釈。

02 （ エ ）　免職　「免じる ← 職を」と解釈。

03 （ オ ）　無謀　「深い考えがない」と解釈。

04 （ イ ）　精粗　「細かい」⟷「粗い」と解釈。

05 （ ア ）　緩慢　どちらも「ゆっくり」の意。

06 （ ウ ）　徐行　「ゆっくり → 行く」と解釈。

07 （ ア ）　超越　どちらも「こえる」の意。

08 （ エ ）　棄権　「捨てる ← 権利を」と解釈。

09 （ イ ）　屈伸　「曲げる」⟷「伸ばす」と解釈。

10 （ エ ）　撮影　「撮る ← 姿を」と解釈。

熟語の構成のしかたには次のようなものがある。

> **ア** 同じような意味の漢字を重ねたもの（**岩石**）
> **イ** 反対または対応の意味を表す字を重ねたもの（**高低**）
> **ウ** 上の字が下の字を修飾しているもの（**洋画**）
> **エ** 下の字が上の字の目的語・補語になっているもの（**着席**）
> **オ** 上の字が下の字の意味を打ち消しているもの（**非常**）

次の熟語は、上のどれにあたるか、記号で記せ。

□ **01** 不穏 （　　　）

□ **02** 波浪 （　　　）

□ **03** 乾湿 （　　　）

□ **04** 喫茶 （　　　）

□ **05** 海賊 （　　　）

□ **06** 選択 （　　　）

□ **07** 正邪 （　　　）

□ **08** 娯楽 （　　　）

□ **09** 芳香 （　　　）

□ **10** 解雇 （　　　）

よく考えて
みよう！

読み

同音・同訓異字

漢字の識別

熟語の構成

部首

対義語・類義語

送り仮名

四字熟語

誤字訂正

書き取り

解答　　　　　**解説**

01 （ **オ** ）　不穏　「穏やかではない」と解釈。

02 （ **ア** ）　波浪　どちらも「波」の意。

03 （ **イ** ）　乾湿　「乾く」⟷「湿る」と解釈。

04 （ **エ** ）　喫茶　「飲む ← 茶を」と解釈。

05 （ **ウ** ）　海賊　「海の → 盗賊」と解釈。

06 （ **ア** ）　選択　どちらも「選ぶ」の意。

07 （ **イ** ）　正邪　「正しい」⟷「悪い」と解釈。

08 （ **ア** ）　娯楽　どちらも「楽しい」の意。

09 （ **ウ** ）　芳香　「かんばしい → 香り」と解釈。

10 （ **エ** ）　解雇　「解く ← 雇用を」と解釈。

熟語の構成のしかたには次のようなものがある。

> ア 同じような意味の漢字を重ねたもの（**岩石**）
> イ 反対または対応の意味を表す字を重ねたもの（**高低**）
> ウ 上の字が下の字を修飾しているもの（**洋画**）
> エ 下の字が上の字の目的語・補語になっているもの（**着席**）
> オ 上の字が下の字の意味を打ち消しているもの（**非常**）

次の熟語は、上のどれにあたるか、記号で記せ。

□ **01** 傍聴 （　　　　）

□ **02** 訪欧 （　　　　）

□ **03** 安穏 （　　　　）

□ **04** 未踏 （　　　　）

□ **05** 譲位 （　　　　）

□ **06** 邪悪 （　　　　）

□ **07** 佳境 （　　　　）

□ **08** 賢愚 （　　　　）

□ **09** 出没 （　　　　）

□ **10** 鎮魂 （　　　　）

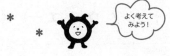

合格点 | 得点
7/10 | /10

一番よくでるよ！

でる度 ★★★

読み

同音・同訓異字

漢字の識別

熟語の構成

部首

対義語・類義語

送り仮名

四字熟語

誤字訂正

書き取り

よく考えてみよう！

解答 **解説**

01 （ ウ ） 傍聴 「そばで → 聴く」と解釈。

02 （ エ ） 訪欧 「訪れる ← 欧州を」と解釈。

03 （ ア ） 安穏 どちらも「やすらか」の意。

04 （ オ ） 未踏 「まだ踏み入れていない」と解釈。

05 （ エ ） 譲位 「譲る ← 位を」と解釈。

06 （ ア ） 邪悪 どちらも「よこしまな悪いもの」の意。

07 （ ウ ） 佳境 「良い → 所」と解釈。

08 （ イ ） 賢愚 「賢い」←→「愚か」と解釈。

09 （ イ ） 出没 「現れる」←→「隠れる」と解釈。

10 （ エ ） 鎮魂 「しずめる ← 魂を」と解釈。

次の漢字の部首をア～エから一つ選び、記号を記せ。

□ 01 慨 (ア ↑ イ ノ ウ 日 エ 一) (　　)

□ 02 暫 (ア 車 イ 斤 ウ 日 エ 口) (　　)

□ 03 窒 (ア ウ イ ㎜ ウ 土 エ 至) (　　)

□ 04 翻 (ア 釆 イ 米 ウ 羽 エ 田) (　　)

□ 05 克 (ア 十 イ 口 ウ 一 エ 儿) (　　)

□ 06 墨 (ア 里 イ 土 ウ 黒 エ 灬) (　　)

□ 07 殴 (ア 匚 イ 殳 ウ 几 エ 又) (　　)

□ 08 葬 (ア 艹 イ 歹 ウ ヒ エ 廾) (　　)

□ 09 衝 (ア 彳 イ 行 ウ 十 エ 里) (　　)

□ 10 癖 (ア 疒 イ 尸 ウ 口 エ 辛) (　　)

解答　**解説**

01 （　**ア**　）

りっしんべん
他例 怪・惜・忙・怖・快

02 （　**ウ**　）

ひ
他例 昇・晶・曇・暦・暮

03 （　**イ**　）

あなかんむり
他例 突・窓・究・空
注意 宀（うかんむり）ではない。

04 （　**ウ**　）

はね
他例 翼・翌・習・羽

05 （　**エ**　）

ひとあし・にんにょう
他例 免・党・児・兆・兄

06 （　**イ**　）

つち
他例 塾・墜・塗・執・壁
注意 黒（くろ）ではない。

07 （　**イ**　）

るまた・ほこづくり
他例 出題範囲では、殴と殿と段と殺のみ。

08 （　**ア**　）

くさかんむり
他例 華・菊・藩・芳・蒸

09 （　**イ**　）

ぎょうがまえ・ゆきがまえ
他例 出題範囲では、衝と衛と術と街のみ。注意 彳（ぎょうにんべん）ではない。

10 （　**ア**　）

やまいだれ
他例 疾・痘・疲・療・痛

読み

同音・同訓異字

漢字の識別

熟語の構成

部首

対義語・類義語

送り仮名

四字熟語

誤字訂正

書き取り

次の漢字の部首をア〜エから一つ選び、記号を記せ。

□ 01 衰 （ア 亠 イ ロ ウ 一 エ 衣）（　　）

□ 02 房 （ア 一 イ 尸 ウ 戸 エ 方）（　　）

□ 03 超 （ア 土 イ 走 ウ 刀 エ 口）（　　）

□ 04 顧 （ア 尸 イ 戸 ウ 隹 エ 頁）（　　）

□ 05 髄 （ア 月 イ 宀 ウ 骨 エ 辶）（　　）

□ 06 冠 （ア 冖 イ 二 ウ 儿 エ 寸）（　　）

□ 07 匠 （ア 一 イ 匚 ウ ノ エ 斤）（　　）

□ 08 卑 （ア ノ イ 田 ウ 十 エ 白）（　　）

□ 09 厘 （ア 厂 イ 田 ウ 土 エ 里）（　　）

□ 10 宴 （ア 丶 イ 宀 ウ 日 エ 女）（　　）

	解答		**解説**
01	（ エ ）		ころも 他例 袋・裂・襲・裁・裏 注意 宀（なべぶた・けいさんかんむり）ではない。
02	（ ウ ）		とだれ・とかんむり 他例 出題範囲では、房と扇のみ。
03	（ イ ）		そうにょう 他例 赴・越・趣・起
04	（ エ ）		おおがい 他例 項・頼・頂・題・顔
05	（ ウ ）		ほねへん 他例 出題範囲では、髄のみ。
06	（ ア ）		わかんむり 他例 出題範囲では、冠と冗と写のみ。
07	（ イ ）		はこがまえ 他例 出題範囲では、匠のみ。
08	（ ウ ）		じゅう 他例 卓・協・卒・博・南
09	（ ア ）		がんだれ 他例 出題範囲では、厘と厚と原のみ。
10	（ イ ）		うかんむり 他例 審・寂・寝・密・察

読み

同音・同訓異字

漢字の識別

熟語の構成

部首

対義語・類義語

送り仮名

四字熟語

誤字訂正

書き取り

でる度 ★★★

部首 ③

次の漢字の部首をア～エから一つ選び、記号を記せ。

□ 01 掌 （ア ⺍ イ 冖 ウ 口 エ 手） （　　）

□ 02 昇 （ア 日 イ ノ ウ 一 エ 廾） （　　）

□ 03 某 （ア 一 イ 甘 ウ 十 エ 木） （　　）

□ 04 畜 （ア 亠 イ 幺 ウ 玄 エ 田） （　　）

□ 05 疾 （ア 广 イ 疒 ウ 亠 エ 矢） （　　）

□ 06 膨 （ア 月 イ 士 ウ 豆 エ 彡） （　　）

□ 07 蛮 （ア 亠 イ 八 ウ 虫 エ 赤） （　　）

□ 08 裂 （ア 歹 イ 刂 ウ 亠 エ 衣） （　　）

□ 09 赴 （ア 土 イ 走 ウ 卜 エ 疋） （　　）

□ 10 魔 （ア 广 イ 麻 ウ 鬼 エ ム） （　　）

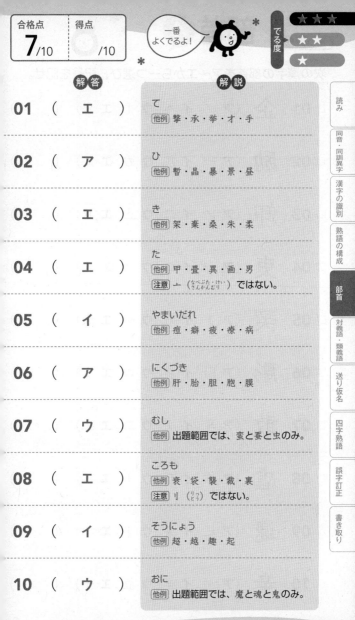

解答　　解説

読み

同音・同訓異字

漢字の識別

熟語の構成

部首

対義語・類義語

送り仮名

四字熟語

誤字訂正

書き取り

01　（　エ　）
て
他例 撃・承・挙・オ・手

02　（　ア　）
ひ
他例 暫・晶・暴・景・昼

03　（　エ　）
き
他例 架・棄・桑・朱・柔

04　（　エ　）
た
他例 甲・畳・異・画・男
注意 亠（なべぶた・けいさんかんむり）ではない。

05　（　イ　）
やまいだれ
他例 痘・癖・疲・療・病

06　（　ア　）
にくづき
他例 肝・胎・胆・胞・膜

07　（　ウ　）
むし
他例 出題範囲では、蛮と蚕と虫のみ。

08　（　エ　）
ころも
他例 衰・袋・襲・裁・裏
注意 リ（りっとう）ではない。

09　（　イ　）
そうにょう
他例 超・越・趣・起

10　（　ウ　）
おに
他例 出題範囲では、魔と魂と鬼のみ。

次の漢字の部首をア〜エから一つ選び、記号を記せ。

□ 01 企 （ア ノ イ 人 ウ ｜ エ 止） （　　）

□ 02 励 （ア 一 イ 厂 ウ 力 エ 万） （　　）

□ 03 卸 （ア ノ イ ニ ウ 止 エ 卩） （　　）

□ 04 吏 （ア 一 イ 口 ウ ノ エ 人） （　　）

□ 05 契 （ア 扌 イ 刀 ウ 一 エ 大） （　　）

□ 06 彫 （ア 冂 イ 彡 ウ 口 エ 土） （　　）

□ 07 敢 （ア 耳 イ 攵 ウ ニ エ 工） （　　）

□ 08 虐 （ア 虍 イ 厂 ウ 卜 エ 匸） （　　）

□ 09 逮 （ア 辶 イ 隶 ウ ｜ エ 氺） （　　）

□ 10 辛 （ア 亠 イ 辛 ウ 立 エ 十） （　　）

解答　　　　解説

01 （ **イ** ）

ひとやね
[他例] 介・余・倉・令・会

02 （ **ウ** ）

ちから
[他例] 勘・募・勧・劣・勤

03 （ **エ** ）

わりふ・ふしづくり
[他例] 却・即・卵・印

04 （ **イ** ）

くち
[他例] 哀・吉・啓・哲・唐

05 （ **エ** ）

だい
[他例] 奪・奉・奥・奇・奮

06 （ **イ** ）

さんづくり
[他例] 出題範囲では、彫と影と彩と形のみ。

07 （ **イ** ）

のぶん・ぼくづくり
[他例] 敏・数・敬・敗・整

08 （ **ア** ）

とらがしら・とらかんむり
[他例] 出題範囲では、虐と虚のみ。

09 （ **ア** ）

しんにょう・しんにゅう
[他例] 過・遵・遂・遭・遅

10 （ **イ** ）

からい
[他例] 出題範囲では、辛と辞のみ。

読み

同音・同訓異字

漢字の識別

熟語の構成

部首

対義語・類義語

送り仮名

四字熟語

誤字訂正

書き取り

次の漢字の部首をア～エから一つ選び、記号を記せ。

□ 01 痘 (ア 亠 イ 广 ウ 疒 エ 豆) (　　)

□ 02 街 (ア 彳 イ 土 ウ 行 エ ニ) (　　)

□ 03 郭 (ア 亠 イ 口 ウ 子 エ 阝) (　　)

□ 04 乳 (ア 爫 イ 子 ウ し エ ノ) (　　)

□ 05 倣 (ア 彳 イ 亠 ウ 方 エ 攵) (　　)

□ 06 募 (ア 艹 イ 日 ウ 大 エ 力) (　　)

□ 07 墾 (ア 爫 イ 豕 ウ 艮 エ 土) (　　)

□ 08 帝 (ア 立 イ 巾 ウ 冖 エ 亠) (　　)

□ 09 慕 (ア 艹 イ 日 ウ 大 エ 小) (　　)

□ 10 既 (ア 日 イ 尢 ウ 旡 エ 乙) (　　)

合格点	得点
7/10	/10

一番 よくでるよ！

でる度 ★★★ ★★ ★

読み

同音・同訓異字

漢字の識別

熟語の構成

部首

対義語・類義語

送り仮名

四字熟語

誤字訂正

書き取り

解答 / 解説

01 (ウ)

やまいだれ
[他例] 疾・癖・疲・療・痛

02 (ウ)

ぎょうがまえ・ゆきがまえ
[他例] 出題範囲では、街と衝と衛と術のみ。[注意] イ（ぎょうにんべん）ではない。

03 (エ)

おおざと
[他例] 郊・邪・邦・郎・郷

04 (ウ)

おつ
[他例] 出題範囲では、乳と乱のみ。

05 (ア)

にんべん
[他例] 佳・偶・催・促・伐

06 (エ)

ちから
[他例] 勘・励・勧・劣・勤
[注意] ⺾（くさかんむり）ではない。

07 (エ)

つち
[他例] 壁・塗・墨・堅・墓

08 (イ)

はば
[他例] 幕・師・常・布・帰

09 (エ)

したごころ
[他例] 出題範囲では、慕のみ。

10 (ウ)

なし・ぶ・すでのつくり
[他例] 出題範囲では、既のみ。

右の□の中のひらがなを一度だけ使って漢字に
直し一字記入して、対義語・類義語を作れ。

対義語

□ 01 詳細 — 概（　　　）

□ 02 妨害 — （　　　）力

□ 03 炎暑 — 極（　　　）

□ 04 解放 — （　　　）縛

□ 05 侵害 — 擁（　　　）

類義語

□ 06 克明 — 丹（　　　）

□ 07 決心 — （　　　）悟

□ 08 了解 — （　　　）知

□ 09 卓越 — 抜（　　　）

□ 10 辛酸 — （　　　）苦

かく
かん
きょう
ぐん
ご
こん
しょう
そく
ねん
りゃく

解答 / 解説

	解答	解説
01	概（略） がい りゃく	詳細＝詳しく細かなこと。 概略＝物事の大まかな様子。 他例 委細－概略
02	（協）力 きょう りょく	妨害＝邪魔をすること。 協力＝力を合わせて行うこと。 他例 迫害－協力
03	極（寒） ごっ かん	炎暑＝焼けつくようなひどい暑さ。 極寒＝これ以上は考えられないほどに寒いこと。
04	（束）縛 そく ばく	解放＝拘束や制限を解き自由にすること。 束縛＝行動に制限を加え自由を奪うこと。 他例 自由－束縛
05	擁（護） よう ご	侵害＝他人の権利・利益などを不当に奪ったり損なったりすること。 擁護＝かばい守ること。
06	丹（念） たん ねん	克明＝細かい点まではっきりさせるさま。 丹念＝細部まで注意深く念を入れてするさま。
07	（覚）悟 かく ご	決心＝ある事をしようとはっきりと心を決めること。 覚悟＝予測される悪い事態や結果に対して心構えをすること。
08	（承）知 しょう ち	了解＝理解して認めること。 承知＝聞き入れること。
09	抜（群） ばつ ぐん	卓越＝他より優れていること。 抜群＝ずば抜けて優れていること。 他例 非凡－抜群
10	（困）苦 こん く	辛酸＝つらく苦しいこと。 困苦＝物や金がなくて困り苦しむこと。

読み

同音・同訓異字

漢字の識別

熟語の構成

部首

対義語・類義語

送り仮名

四字熟語

誤字訂正

書き取り

右の□の中のひらがなを一度だけ使って漢字に直し一字記入して、対義語・類義語を作れ。

対義語

□ 01 追加 — 削（　　　）

□ 02 穏健 —（　　　）激

□ 03 興隆 — 衰（　　　）

□ 04 実像 —（　　　）像

□ 05 膨張 — 収（　　　）

類義語

□ 06 潤沢 —（　　　）富

□ 07 没頭 —（　　　）念

□ 08 露見 — 発（　　　）

□ 09 憂慮 — 心（　　　）

□ 10 容赦 —（　　　）弁

かく
かく
かん
きょ
しゅく
じょ
せん
たい
ぱい
ほう

解答 / **解説**

01	削（除） _{さく}_{じょ}	追加=後から増やすこと。 削除=取り去ること。 他例 添加－削除　付加－削除
02	（過）激 _か_{げき}	穏健=考え方・言動などがかたよらず、常識的であるさま。 過激=度を越して激しいさま。
03	衰（退） _{すい}_{たい}	興隆=物事がおこり、盛んになること。 衰退=おとろえて勢いがなくなること。 他例 隆盛－衰退
04	（虚）像 _{きょ}_{ぞう}	実像=実際の姿。 虚像=実態とは異なる、見せかけの姿。
05	収（縮） _{しゅう}_{しゅく}	膨張=物の形が膨れて大きくなること。 収縮=引き締まって縮まること。
06	（豊）富 _{ほう}_ふ	潤沢=物がゆたかにあること。 豊富=種類や数量がたっぷりあること。
07	（専）念 _{せん}_{ねん}	没頭=一つの物事に熱中すること。 専念=一つのことに心を集中すること。
08	発（覚） _{はっ}_{かく}	露見=秘密・悪事が人に知られること。 発覚=隠していた犯行や陰謀などがあらわれること。
09	心（配） _{しん}_{ぱい}	憂慮=憂い気遣うこと。 心配=気にかけて思いわずらうこと。
10	（勘）弁 _{かん}_{べん}	容赦=失敗などを許すこと。 勘弁=他人の罪やあやまちなどを許すこと。

読み
同音・同訓異字
漢字の識別
熟語の構成
部首
対義語・類義語
送り仮名
四字熟語
誤字訂正
書き取り

右の□の中のひらがなを一度だけ使って漢字に直し一字記入して、対義語・類義語を作れ。

対義語

□ 01 釈放 ―（　　　）束

□ 02 栄誉 ― 恥（　　　）

□ 03 違反 ― 遵（　　　）

□ 04 快諾 ―（　　　）辞

□ 05 倹約 ― 浪（　　　）

類義語

□ 06 鼓舞 ―（　　　）励

□ 07 怠慢 ―（　　　）着

□ 08 官吏 ―（　　　）人

□ 09 回顧 ―（　　　）憶

□ 10 精励 ―（　　　）勉

おう
きん
げき
こう
しゅ
じょく
つい
ひ
やく

解答 / 解説

01 （拘）束
こう そく
釈放＝捕らえた人を自由にすること。
拘束＝行動の自由をしばること。
[他例] 解放－拘束

02 恥（辱）
ち じょく
栄誉＝優れていると世に認められ、ほめたたえられること。
恥辱＝はずかしめ。

03 遵（守）
じゅん しゅ
違反＝法律や規則などに反すること。
遵守＝法律や規則などに従い守ること。

04 （固）辞
こ じ
快諾＝申し出などを気持ちよく承知すること。
固辞＝かたく辞退すること。

05 浪（費）
ろう ひ
倹約＝金や物をむだ遣いしないで切り詰めること。
浪費＝むだ遣い。

06 （激）励
げき れい
鼓舞＝人を励まし勢いづけること。
激励＝励まして元気づけること。

07 （横）着
おう ちゃく
怠慢＝気を緩めて怠けること。
横着＝ずうずうしく、やるべきことをやらないでいること。

08 （役）人
やく にん
官吏＝「国家公務員」の旧称。
役人＝官公庁に勤めている人。

09 （追）憶
つい おく
回顧＝過去をなつかしく思い返すこと。
追憶＝過去を思い出してなつかしむこと。
[他例] 回想－追憶

10 （勤）勉
きん べん
精励＝学業や仕事などに熱心に励み努めること。
勤勉＝勉強や仕事などにまじめに一生けんめい励むこと。

読み / 同音・同訓異字 / 漢字の識別 / 熟語の構成 / 部首 / 対義語・類義語 / 送り仮名 / 四字熟語 / 誤字訂正 / 書き取り

右の□□の中のひらがなを一度だけ使って漢字に
直し一字記入して、対義語・類義語を作れ。

対義語

□ 01 潤沢 ―（　　）乏

□ 02 創造 ―（　　）倣

□ 03 優雅 ― 粗（　　）

□ 04 薄弱 ― 強（　　）

□ 05 賢明 ―（　　）愚

類義語

□ 06 辛抱 ―（　　）慢

□ 07 該当 ―（　　）合

□ 08 大要 ― 概（　　）

□ 09 魂胆 ― 意（　　）

□ 10 正邪 ― 是（　　）

あん
が
けつ
こ
てき
と
ひ
も
や
りゃく

解答

解説

01 （欠）乏

潤沢=物が豊富にあること。
欠乏=必要なものが不足していること。

02 （模）倣

創造=新しいものを初めて造り出すこと。
模倣=まねること。
[他例] 独創-模倣

03 粗（野）

優雅=上品でみやびやかなさま。
粗野=言動に細かい配慮がなく荒々しいさま。

04 強（固）

薄弱=意志などが弱弱しいさま。
強固=強くしっかりしているさま。
[他例] 柔弱-強固

05 （暗）愚

賢明=賢くて道理に明るいこと。
暗愚=道理に暗く、愚かなこと。
[他例] 英明-暗愚

06 （我）慢

辛抱=つらいことをじっと耐えしのぶこと。
我慢=こらえしのぶこと。

07 （適）合

該当=一定の条件などに当てはまること。
適合=ある条件にうまく当てはまること。

08 概（略）

大要=大切な部分。あらまし。
概略=物事の大まかな様子。
[他例] 概要-概略　大綱-概略

09 意（図）

魂胆=心中ひそかに計画するたくらみ。
意図=思惑。考え。
[他例] 心算-意図

10 是（非）

正邪=正しいことと不正なこと。善悪。
是非=物事のよいこととよくないこと。
[他例] 可否-是非

読み

同音・同訓異字

漢字の識別

熟語の構成

部首

対義語・類義語

送り仮名

四字熟語

誤字訂正

書き取り

右の□の中のひらがなを一度だけ使って漢字に直し一字記入して、対義語・類義語を作れ。

対義語

□ 01 具体 ― 抽（　　）

□ 02 歓喜 ―（　　）哀

□ 03 率先 ―（　　）随

□ 04 分裂 ―（　　）一

□ 05 修繕 ― 破（　　）

類義語

□ 06 漂泊 ―（　　）浪

□ 07 手柄 ― 功（　　）

□ 08 薄情 ―（　　）淡

□ 09 老巧 ―（　　）練

□ 10 嘱望 ―（　　）待

き
じゅく
しょう
せき
そん
つい
ひ
ほう
れい

解答 / 解説

01 抽（象）

具体＝形を備えていること。
抽象＝個個の事物から一つの概念を作り上げること。

02 （悲）哀

歓喜＝心の底から喜ぶこと。
悲哀＝悲しく哀れなこと。
他例 喜悦－悲哀

03 （追）随

率先＝人に先がけてすること。
追随＝人のあとをついて行くこと。

04 （統）一

分裂＝ばらばらに分かれること。
統一＝ばらばらのものを一つにまとめ合わせること。

05 破（損）

修繕＝壊れた部分をつくろい直すこと。
破損＝壊れていたむこと。

06 （放）浪

漂泊＝あてもなくさまよい歩くこと。
放浪＝さすらうこと。

07 功（績）

手柄＝人からほめたたえられるような優れた働き。
功績＝意義のある大きな働き。

08 （冷）淡

薄情＝義理・人情に薄いこと。
冷淡＝心の冷たいこと。

09 （熟）練

老巧＝多くの経験を積んで、物事に巧みなこと。
熟練＝その仕事によく慣れて上手なこと。

10 （期）待

嘱望＝将来に望みをかけること。
期待＝あることを心待ちにすること。

読み

同音・同訓異字

漢字の識別

熟語の構成

部首

対義語・類義語

送り仮名

四字熟語

誤字訂正

書き取り

右の□の中のひらがなを一度だけ使って漢字に
直し一字記入して、対義語・類義語を作れ。

対義語

□ 01 栄達 — 零（ 　　 ）

□ 02 促進 — 抑（ 　　 ）

□ 03 緩慢 — 敏（ 　　 ）

□ 04 承諾 — （ 　　 ）退

□ 05 一般 — （ 　　 ）殊

類義語

□ 06 重体 — （ 　　 ）篤

□ 07 展示 — 陳（ 　　 ）

□ 08 廉価 — 安（ 　　 ）

□ 09 熱中 — 没（ 　　 ）

□ 10 解雇 — 免（ 　　 ）

き
じ
しょく
せい
そく
とう
とく
ねら
られつ

	解答	解説
01	零（落） <small>れい らく</small>	栄達＝高い地位に進むこと。出世。 零落＝おちぶれること。
02	抑（制） <small>よく せい</small>	促進＝物事が早く進むように仕向けること。 抑制＝勢いを抑え止めること。
03	敏（速） <small>びん そく</small>	緩慢＝動きがゆっくりしているさま。 敏速＝動きが素早いさま。
04	（辞）退 <small>じ たい</small>	承諾＝了解して聞き入れること。 辞退＝断って身を引くこと。 [他例] 受諾－辞退
05	（特）殊 <small>とく しゅ</small>	一般＝普通。 特殊＝普通と違うこと。 [他例] 普通－特殊
06	（危）篤 <small>き とく</small>	重体＝病気や負傷の程度が重く危険な状態。 危篤＝病気が重く、命があぶないこと。
07	陳（列） <small>ちん れつ</small>	展示＝作品や資料などを並べて一般の人に見せること。 陳列＝見せるために品物を並べること。
08	安（値） <small>やす ね</small>	廉価＝価格の安いこと。 安値＝価格の安いこと。
09	没（頭） <small>ぼっ とう</small>	熱中＝一つの物事に夢中になること。 没頭＝一つの物事に精神を集中すること。 [他例] 専心－没頭
10	免（職） <small>めん しょく</small>	解雇＝雇っていた者を辞めさせること。 免職＝公務員の身分を失わせること。 [他例] 解任－免職

読み

同音・同訓異字

漢字の識別

熟語の構成

部首

対義語・類義語

送り仮名

四字熟語

誤字訂正

書き取り

次の――線のカタカナを漢字一字と送り仮名（ひらがな）に直せ。

□ **01** **オゴソカニ**式典をとりおこなう。（　　　）

□ **02** **イサマシク**敵陣に切り込む。　（　　　）

□ **03** **スミヤカナ**退陣を要求する。　（　　　）

□ **04** 早期の復帰が**アヤブマ**れている。（　　　）

□ **05** 子どもの**スコヤカナ**成長を願う。（　　　）

□ **06** 顔を**ソムケ**たくなるような光景。（　　　）

□ **07** 彼の性格は**ホガラカダ**と思う。　（　　　）

□ **08** 田畑を**タガヤス**。　　　　　　　（　　　）

□ **09** 雑貨を**アキナウ**。　　　　　　　（　　　）

□ **10** 人のいやがることを**シイル**。　（　　　）

一番
よくでるよ！

でる度 ★★★
★★
★

読み

同音・同訓異字

漢字の識別

熟語の構成

部首

対義語・類義語

送り仮名

四字熟語

誤字訂正

書き取り

解答

解説

01 (厳かに)
威厳があり、重々しいさま。
他例 厳しい

02 (勇ましく)
何事も恐れないさま。勢いがあるさま。

03 (速やかな)
素早いさま。たちまち。

04 (危ぶま)
危ないと思う。

05 (健やかな)
体が丈夫で元気なさま。

06 (背け)
顔や視線を別の方へ向ける。

07 (朗らかだ)
心が晴れやかで快活なさま。

08 (耕す)
作物を植えたり種をまいたりするために、
田畑を掘り返して土をやわらかくする。

09 (商う)
仕事として売買する。

10 (強いる)
無理にやらせる。

次の四字熟語の（　）のカタカナを漢字に直し、二字記せ。

□ 01 （ ジュンプウ ）満帆

□ 02 大胆（ フテキ ）

□ 03 （ ビジ ）麗句

□ 04 清廉（ ケッパク ）

□ 05 （ シンザン ）幽谷

□ 06 無我（ ムチュウ ）

□ 07 （ ウンサン ）霧消

□ 08 （ ギシン ）暗鬼

□ 09 （ テンイ ）無縫

□ 10 （ シュシャ ）選択

一番
よくでるよ！

解答

解説

01 （順風）満帆
<ruby>順風<rt>じゅんぷう</rt></ruby><ruby>満帆<rt>まんぱん</rt></ruby>

物事がすべて順調に進行していること。

---

02 大胆（不敵）
<ruby>大胆<rt>だいたん</rt></ruby><ruby>不敵<rt>ふてき</rt></ruby>

何ものも恐れず思い切って物事をするさま。
他例「大胆」が出題されることもある。

---

03 （美辞）麗句
<ruby>美辞<rt>びじ</rt></ruby><ruby>麗句<rt>れいく</rt></ruby>

巧みに飾って表現した言葉・句。

---

04 清廉（潔白）
<ruby>清廉<rt>せいれん</rt></ruby><ruby>潔白<rt>けっぱく</rt></ruby>

心が清く私欲がないこと。

---

05 （深山）幽谷
<ruby>深山<rt>しんざん</rt></ruby><ruby>幽谷<rt>ゆうこく</rt></ruby>

奥深く静かな山や谷。

---

06 無我（夢中）
<ruby>無我<rt>むが</rt></ruby><ruby>夢中<rt>むちゅう</rt></ruby>

ある事に心を奪われ、我を忘れて熱中すること。
他例「無我」が出題されることもある。

---

07 （雲散）霧消
<ruby>雲散<rt>うんさん</rt></ruby><ruby>霧消<rt>むしょう</rt></ruby>

跡形もなく消えてしまうこと。

---

08 （疑心）暗鬼
<ruby>疑心<rt>ぎしん</rt></ruby><ruby>暗鬼<rt>あんき</rt></ruby>

疑い出すとなんでも不安になり、信じられなくなること。

---

09 （天衣）無縫
<ruby>天衣<rt>てんい</rt></ruby><ruby>無縫<rt>むほう</rt></ruby>

純粋で無邪気なさま。

---

10 （取捨）選択
<ruby>取捨<rt>しゅしゃ</rt></ruby><ruby>選択<rt>せんたく</rt></ruby>

よいものを取り悪いものを捨てること。

読み

同音・同訓異字

漢字の識別

熟語の構成

部首

対義語・類義語

送り仮名

四字熟語

誤字訂正

書き取り

次の四字熟語の（　）のカタカナを漢字に直し、二字記せ。

□ 01 感慨（ ムリョウ ）

□ 02 （ タントウ ）直入

□ 03 危急（ ソンボウ ）

□ 04 時代（ サクゴ ）

□ 05 （ ドクダン ）専行

□ 06 平身（ テイトウ ）

□ 07 緩急（ ジザイ ）

□ 08 （ コウキ ）到来

□ 09 一件（ ラクチャク ）

□ 10 起死（ カイセイ ）

合格点	得点
7/10	/10

一番
よくでるよ！

読み

同音・同訓異字

漢字の識別

熟語の構成

部首

対義語・類義語

送り仮名

四字熟語

誤字訂正

書き取り

(解答)　　　　　　(解説)

01 感慨（無量）　この上なくしみじみ感じること。
<ruby>感<rt>かん</rt></ruby><ruby>慨<rt>がい</rt></ruby><ruby>無<rt>む</rt></ruby><ruby>量<rt>りょう</rt></ruby>

02 （単刀）直入　前置きなしに直接本題に入ること。
<ruby>単<rt>たん</rt></ruby><ruby>刀<rt>とう</rt></ruby><ruby>直<rt>ちょく</rt></ruby><ruby>入<rt>にゅう</rt></ruby>

03 危急（存亡）　生き残るか滅びるかの重大なせとぎわ。
<ruby>危<rt>き</rt></ruby><ruby>急<rt>きゅう</rt></ruby><ruby>存<rt>そん</rt></ruby><ruby>亡<rt>ぼう</rt></ruby>　他例「危急」が出題されることもある。

04 時代（錯誤）　時代の異なったものを混同して考えること。
<ruby>時<rt>じ</rt></ruby><ruby>代<rt>だい</rt></ruby><ruby>錯<rt>さく</rt></ruby><ruby>誤<rt>ご</rt></ruby>　他例「時代」が出題されることもある。

05 （独断）専行　自分一人で判断して勝手に事を進めること。
<ruby>独<rt>どく</rt></ruby><ruby>断<rt>だん</rt></ruby><ruby>専<rt>せん</rt></ruby><ruby>行<rt>こう</rt></ruby>　他例「専行」が出題されることもある。

06 平身（低頭）　非常に恐縮するさま。
<ruby>平<rt>へい</rt></ruby><ruby>身<rt>しん</rt></ruby><ruby>低<rt>てい</rt></ruby><ruby>頭<rt>とう</rt></ruby>　他例「平身」が出題されることもある。

07 緩急（自在）　スピードなどを思いのままに操ること。
<ruby>緩<rt>かん</rt></ruby><ruby>急<rt>きゅう</rt></ruby><ruby>自<rt>じ</rt></ruby><ruby>在<rt>ざい</rt></ruby>

08 （好機）到来　チャンスがやってくること。
<ruby>好<rt>こう</rt></ruby><ruby>機<rt>き</rt></ruby><ruby>到<rt>とう</rt></ruby><ruby>来<rt>らい</rt></ruby>

09 一件（落着）　一つの事柄に決まりがつくこと。
<ruby>一<rt>いっ</rt></ruby><ruby>件<rt>けん</rt></ruby><ruby>落<rt>らく</rt></ruby><ruby>着<rt>ちゃく</rt></ruby>　他例「一件」が出題されることもある。

10 起死（回生）　だめになりかかっているものを立て直すこと。
<ruby>起<rt>き</rt></ruby><ruby>死<rt>し</rt></ruby><ruby>回<rt>かい</rt></ruby><ruby>生<rt>せい</rt></ruby>　他例「起死」が出題されることもある。

次の四字熟語の（　）のカタカナを漢字に直し、二字記せ。

□ 01 暗雲（ テイメイ ）

□ 02 利害（ トクシツ ）

□ 03 （ メンモク ）躍如

□ 04 （ シコウ ）錯誤

□ 05 （ フクザツ ）怪奇

□ 06 晴耕（ ウドク ）

□ 07 巧言（ レイショク ）

□ 08 因果（ オウホウ ）

□ 09 一部（ シジュウ ）

□ 10 千差（ バンベツ ）

解答 / 解説

01 暗雲（低迷）

前途に不安な状態が続く様子。
他例「暗雲」が出題されることもある。

02 利害（得失）

利益と損害。
他例「利害」が出題されることもある。

03 （面目）躍如

名誉や評価がいっそう高まるさま。
注意「めんぼくやくじょ」とも読む。

04 （試行）錯誤

失敗を重ねるうちに解決へ近づいていくこと。

05 （複雑）怪奇

物事が込み入り、よくわからないこと。

06 晴耕（雨読）

自由な境遇を楽しみながら生活すること。

07 巧言（令色）

気に入られようとして言葉を飾り、顔つきをやわらげること。

08 因果（応報）

善悪の行いに応じて、むくいがくること。
他例「因果」が出題されることもある。

09 一部（始終）

物事の始めから終わりまで。全部。

10 千差（万別）

多くの種類がそれぞれ違っていること。
他例「千差」が出題されることもある。

読み

同音・同訓異字

漢字の識別

熟語の構成

部首

対義語・類義語

送り仮名

四字熟語

誤字訂正

書き取り

次の四字熟語の（　）のカタカナを漢字に直し、二字記せ。

□ 01 （^{シツボウ}　）落胆

□ 02 温故（^{チシン}　）

□ 03 我田（^{インスイ}　）

□ 04 臨機（^{オウヘン}　）

□ 05 （^{シュウシ}　）一貫

□ 06 言語（^{ドウダン}　）

□ 07 （^{キュウテン}　）直下

□ 08 奇想（^{テンガイ}　）

□ 09 博学（^{タサイ}　）

□ 10 空前（^{ゼツゴ}　）

一番
よくでるよ！

でる度 ★★★
★★
★

解答

解説

01 (失望) 落胆
しつぼう らくたん

期待が外れてがっかりすること。望みを失うこと。
[他例]「落胆」が出題されることもある。

02 温故 (知新)
おんこ ちしん

昔のことを研究して新しい知識を得ること。「故きを温ねて新しきを知る」から。
[他例]「温故」が出題されることもある。

03 我田 (引水)
がでん いんすい

自分の有利になるように物事を運ぶこと。
[他例]「我田」が出題されることもある。

04 臨機 (応変)
りんき おうへん

変化に応じて適切な手段をとること。
[他例]「臨機」が出題されることもある。

05 (終始) 一貫
しゅうし いっかん

最初から最後まで変わらないこと。

06 言語 (道断)
ごんご どうだん

あきれて言葉も出ないほどひどいこと。
[他例]「言語」が出題されることもある。

07 (急転) 直下
きゅうてん ちょっか

突然形勢が変わって解決に向かうこと。

08 奇想 (天外)
きそう てんがい

思いもよらない変わった様子。

09 博学 (多才)
はくがく たさい

広く学問に通じ、才能に富むこと。

10 空前 (絶後)
くうぜん ぜつご

過去になく未来にもないと思われること。
[他例]「空前」が出題されることもある。

読み

同音・同訓異字

漢字の識別

熟語の構成

部首

対義語・類義語

送り仮名

四字熟語

誤字訂正

書き取り

次の各文にまちがって使われている同じ読みの漢字が一字ある。左に誤字を、右に正しい漢字を記せ。

□ **01** 駅に近い大手百貨店は売り場の改創を行って客の増加を見込んでいる。

誤（　　）⇒ 正（　　）

□ **02** 早急に治療すべき病人には入院を促すなど、適切な措値を講じたい。

誤（　　）⇒ 正（　　）

□ **03** 地球規模で広がる大気汚洗は依然として改善されていない。

誤（　　）⇒ 正（　　）

□ **04** 夏季にシベリアの範殖地で過ごした白鳥が、冬には温暖な日本へ渡って越冬する。

誤（　　）⇒ 正（　　）

□ **05** 宝物殿から特別に出された典示品に観光客が殺到し、入場規制を行う。

誤（　　）⇒ 正（　　）

□ **06** 構内に新しく建てられた支設は保健管理センターと呼ばれている。

誤（　　）⇒ 正（　　）

□ **07** 日本の航空機改発は敗戦の影響により長期間停滞することになった。

誤（　　）⇒ 正（　　）

□ **08** 国内の農作物の集穫量が年々減少しつつある現状には問題がある。

誤（　　）⇒ 正（　　）

解答

解説

読み

同音・同訓異字

漢字の識別

熟語の構成

部首

対義語・類義語

送り仮名

四字熟語

誤字訂正

書き取り

01 (創)⇒(装)

改装＝建物や部屋のかざりつけを新しくすること。

02 (値)⇒(置)

措置＝始末がつくよう取り計らうこと。

03 (洗)⇒(染)

汚染＝空気・水などが有毒ガスやごみなどで汚れること。

04 (範)⇒(繁)

繁殖＝動物や植物が生まれてふえること。

05 (典)⇒(展)

展示＝品物・作品・資料などを並べて一般の人に見せること。

06 (支)⇒(施)

施設＝ある目的のために建物などを設けること。また、その設備。

07 (改)⇒(開)

開発＝新しい物を作って実用化すること。

08 (集)⇒(収)

収穫＝農作物を取り入れること。

次の各文にまちがって使われている同じ読みの漢字が一字ある。左に誤字を、右に正しい漢字を記せ。

□ 01 逆待された動物を保護するための募金活動を行う。

誤（　　）⇒ 正（　　）

□ 02 地球環境の保善は、見過ごせない重要な問題になっている。

誤（　　）⇒ 正（　　）

□ 03 近隣の住民が中心になって、交通事故減少のための対作を練る。

誤（　　）⇒ 正（　　）

□ 04 集中豪雨による河川の増水で、堤傍が決壊する危険性がある。

誤（　　）⇒ 正（　　）

□ 05 二十世紀は科学技術が比躍的に進歩した一方、環境汚染が社会問題となった。

誤（　　）⇒ 正（　　）

□ 06 他国からの志援体制がようやく整い、復旧作業が本格的に開始された。

誤（　　）⇒ 正（　　）

□ 07 日本大使館主催の交歓会には、各国の要人や王族が多数招滞された。

誤（　　）⇒ 正（　　）

□ 08 車体前面に取り付けたバンパーは追突時の衝撃を給収する働きがある。

誤（　　）⇒ 正（　　）

解答　　　　　**解説**

読み

同音・同訓異字

漢字の識別

熟語の構成

部首

対義語・類義語

送り仮名

四字熟語

誤字訂正

書き取り

	誤	正	
01	（逆）⇒（虐）	虐待=むごい扱いをすること。
02	（善）⇒（全）	保全=安全であるように保護すること。
03	（作）⇒（策）	対策=相手の言動や物事の成り行きに応じてとる手段・方法。
04	（傍）⇒（防）	堤防=川や海の水が浸入しないように海岸・河川沿いに築いた土手。
05	（比）⇒（飛）	飛躍=急速に向上すること。
06	（志）⇒（支）	支援=力を貸して助けること。
07	（滞）⇒（待）	招待=客として呼んでもてなすこと。
08	（給）⇒（吸）	吸収=外部のものを取り込み自分のものとすること。

次の各文にまちがって使われている同じ読みの漢字が
一字ある。左に誤字を、右に正しい漢字を記せ。

□ 01 国内企業の保護を目的とした基制が多数あるとの声が上がっている。

誤（ 　 ）⇒ 正（ 　 ）

□ 02 自社で企画した新商品の製造工程には、快善の余地がある。

誤（ 　 ）⇒ 正（ 　 ）

□ 03 経験に富んだ司会者の手腕により、心配された会見が延滑に進んだ。

誤（ 　 ）⇒ 正（ 　 ）

□ 04 広範囲に影響した通信障害の原因を根本から検照する必要がある。

誤（ 　 ）⇒ 正（ 　 ）

□ 05 健康を造進するには毎日の食事の管理と適度な運動が欠かせない。

誤（ 　 ）⇒ 正（ 　 ）

□ 06 食品添化物は法律により成分や使用基準が、厳密に定められている。

誤（ 　 ）⇒ 正（ 　 ）

□ 07 駅前に新装開店したラーメン屋は味が評番でいつも行列が絶えない。

誤（ 　 ）⇒ 正（ 　 ）

□ 08 老朽化で倒壊した教会の就復作業が終わり、立派な姿がよみがえった。

誤（ 　 ）⇒ 正（ 　 ）

読み

同音・同訓異字

漢字の識別

熟語の構成

部首

対義語・類義語

送り仮名

四字熟語

誤字訂正

書き取り

解答

	誤		正	
01	（ 基 ）	⇒	（ 規 ）	

解説

規制（きせい）＝規則を決めて制限を設けること。また、そのきまり。

02 （ 快 ）⇒（ 改 ）

改善（かいぜん）＝悪いところを改めてよくすること。

03 （ 延 ）⇒（ 円 ）

円滑（えんかつ）＝物事が滞らず、すらすら運ぶこと。

04 （ 照 ）⇒（ 証 ）

検証（けんしょう）＝実際に調べて事実を明らかにすること。

05 （ 造 ）⇒（ 増 ）

増進（ぞうしん）＝体力や能力などがまし加わること。

06 （ 化 ）⇒（ 加 ）

添加（てんか）＝あるものに何かを付け加えること。

07 （ 番 ）⇒（ 判 ）

評判（ひょうばん）＝名高いこと。有名なこと。

08 （ 就 ）⇒（ 修 ）

修復（しゅうふく）＝建造物などの壊れたところを元どおりに直すこと。

*

次の――線のカタカナを漢字に直せ。

□ **01** 冬は室内の**カンキ**が大切だ。　（　　　）

□ **02** ユリの**モヨウ**をあしらった着物。（　　　）

□ **03** 事故による**ソンショウ**は軽微だ。（　　　）

□ **04** 緊急事態に的確に**タイショ**する。（　　　）

□ **05** ヨーロッパ各国を**レキホウ**する。（　　　）

□ **06** 内心とは**ウラハラ**なお世辞。　（　　　）

□ **07** 悪事の**カタボウ**をかつぐ。　　（　　　）

□ **08** 多くの小説を**アラワ**す。　　　（　　　）

□ **09** **スベ**らないように気をつける。（　　　）

□ **10** 親の教えに**ソム**く。　　　　　（　　　）

	解答		解説

01 (換気)

空気を入れかえること。
[他例] 交換・換言

02 (模様)

装飾にする図案や色の組み合わせ。
[他例] 模造・模型・規模・模写

03 (損傷)

物や体が壊れたり傷ついたりすること。
[他例] 感傷・負傷

04 (対処)

ある事態や状況の変化に対応して適切に
取り扱うこと。
[他例] 処置・善処・処世

05 (歴訪)

ほうぼうの人や土地を訪ね回ること。
次々に訪問すること。
[他例] 訪問・探訪

06 (裏腹)

あべこべ。反対。
[他例] 裏道・裏目・裏付け・裏切る

07 (片棒)

片棒をかつぐ＝ある仕事に協力して一部
を受け持つ。
[他例] 片言・片時・片意地・片付け

08 (著)

書物を書いて世に出す。
[他例] 著しい

09 (滑)

なめらかに移動する。自然に動いてしま
う。

10 (背)

人の意見や物事の決まりに従わない。

読み

同音・同訓異字

漢字の識別

熟語の構成

部首

対義語・類義語

送り仮名

四字熟語

誤字訂正

書き取り

次の――線のカタカナを漢字に直せ。

□ 01 逆転勝ちで**ツウカイ**な気分だ。（　　　　）

□ 02 ひびが入った壁を**ホシュウ**する。（　　　　）

□ 03 薬の**テイキョウ**を申し出る。　（　　　　）

□ 04 あの動物は**ゼツメツ**してしまった。（　　　　）

□ 05 検査は慎重かつ**ゲンミツ**に行う。（　　　　）

□ 06 彼は社内では**フルカブ**のほうだ。（　　　　）

□ 07 震災の復興に**ホネミ**を削る。　（　　　　）

□ 08 **カラ**いものが好きだ。　　　　（　　　　）

□ 09 不満を**アマ**すところなく話す。　（　　　　）

□ 10 **マドベ**にたたずんで海を見る。　（　　　　）

読み

同音・同訓異字

漢字の識別

熟語の構成

部首

対義語・類義語

送り仮名

四字熟語

誤字訂正

書き取り

解答 / 解説

01（ 痛快 ）
非常におもしろく気持ちが良いさま。晴れ晴れとした気持ちになるさま。
他例 痛切・腹痛

02（ 補修 ）
足りない部分をおぎなったり、壊れた部分を直したりすること。
他例 候補・補足

03（ 提供 ）
自分の持っているものを差し出すこと。
他例 供給

04（ 絶滅 ）
種がほろびること。
他例 滅亡・全滅・壊滅

05（ 厳密 ）
すみずみまで手抜かりなく神経がゆきとどいているさま。
他例 綿密・密約・密着

06（ 古株 ）
その集団や職場に昔からいる人。
他例 株主・株価

07（ 骨身 ）
骨身を削る＝一生けん命努力する。
他例 骨折り

08（ 辛 ）
舌やのどを強く刺激する味。

09（ 余 ）
余すところなく＝残らず。すっかり。

10（ 窓辺 ）
まどに近いあたり。
他例 出窓

次の──線のカタカナを漢字に直せ。

□ **01** 模倣よりも**ドクソウ**を重んじる。（　　　）

□ **02** 快適な眠りの**ジャマ**をされた。　（　　　）

□ **03** 古典を**ロウドク**する会に入る。　（　　　）

□ **04** **ジシャク**を使った実験をする。　（　　　）

□ **05** 近所にくまが**シュツボツ**したらしい。（　　　）

□ **06** 各界の名士が一堂に**ツド**う。　　（　　　）

□ **07** 式典は**オゴソ**かに進められた。　（　　　）

□ **08** 大事な皿を**ワ**ってしまう。　　　（　　　）

□ **09** パリを経てロンドンに**イタ**る。　（　　　）

□ **10** **ヒラアヤマ**りの姿が画面に映る。（　　　）

解答 / 解説

01 (独創) 他人のまねでなく今までなかったような物をつくり出すこと。
〔他例〕創作・創設・創業

02 (邪魔) 妨げること。
〔他例〕邪悪・邪道・邪心

03 (朗読) 詩や文章などを声に出して読み上げること。
〔他例〕明朗

04 (磁石) 鉄を吸い寄せる性質を示す物体。

05 (出没) 現れたりいなくなったりすること。
〔他例〕沈没・没頭・没年・没収

06 (集) あつまる。寄り合う。

07 (厳) いかめしく重々しいさま。
〔他例〕厳しい

08 (割) 壊す。くだく。
〔他例〕割安・割合

09 (至) ある場所に行き着く。

10 (平謝) ただひたすらあやまること。

読み / 同音・同訓異字 / 漢字の識別 / 熟語の構成 / 部首 / 対義語・類義語 / 送り仮名 / 四字熟語 / 誤字訂正 / 書き取り

次の——線のカタカナを漢字に直せ。

□ **01** 国民の**ヒンプ**の差が激しい。　（　　　　）

□ **02** 実力をいかんなく**ハッキ**する。（　　　　）

□ **03** **ホクオウ**に旅行にいきたい。　（　　　　）

□ **04** 霧の中で**ケイテキ**を鳴らす。　（　　　　）

□ **05** **シセイ**を正して師匠の話を聞く。（　　　　）

□ **06** 授賞式にえりを正して**ノゾ**む。　（　　　　）

□ **07** 師の教えを心に**キザ**む。　　　（　　　　）

□ **08** **フクロ**は有料になりました。　（　　　　）

□ **09** 池の水が**ヒア**がる。　　　　　（　　　　）

□ **10** 生徒を**ヒキ**いて修学旅行に行く。（　　　　）

解答 / 解説

01 （ 貧富 ）
まずしいことと豊かなこと。
他例 貧弱・貧血

02 （ 発揮 ）
持っている能力や素質を現し示すこと。
他例 指揮・揮発

03 （ 北欧 ）
ヨーロッパの北部地方。
他例 欧米・西欧・渡欧・訪欧

04 （ 警笛 ）
注意を促すために鳴らすふえ。
他例 警報・警告

05 （ 姿勢 ）
体のかまえ・格好。
他例 容姿

06 （ 臨 ）
ある場面に直面する。対する。

07 （ 刻 ）
心に刻む＝強く心に残す。

08 （ 袋 ）
紙・皮・布などで作った入れもの。

09 （ 干上 ）
すっかり乾く。
他例 梅干し

10 （ 率 ）
引き連れて行く。

読み | 同音・同訓異字 | 漢字の識別 | 熟語の構成 | 部首 | 対義語・類義語 | 送り仮名 | 四字熟語 | 誤字訂正 | 書き取り

次の──線のカタカナを漢字に直せ。

□ 01 人間としてのソンゲンを守る。 （　　　　）

□ 02 古典エンゲキを研究する。 （　　　　）

□ 03 友人の車にビンジョウする。 （　　　　）

□ 04 目標達成はシナンのわざだ。 （　　　　）

□ 05 この部屋はシツドが高い。 （　　　　）

□ 06 古寺で仏をオガむ。 （　　　　）

□ 07 長年勤めた会社をヤめる。 （　　　　）

□ 08 マトハズれな返答をする。 （　　　　）

□ 09 増築して図書室をモウける。 （　　　　）

□ 10 財布のひもがユルむ。 （　　　　）

一番
よくでるよ！

解答 **解説**

読み

同音・同訓異字

漢字の識別

熟語の構成

部首

対義語・類義語

送り仮名

四字熟語

誤字訂正

書き取り

01 (尊厳)
とうとくおごそかなこと。
他例 厳密・厳選・厳正・厳重

02 (演劇)
脚本に従って俳優が舞台で芝居して表現する芸術。
他例 劇的

03 (便乗)
他人がのり物にのるのを利用して、自分も都合よくのること。

04 (至難)
この上もなくむずかしいさま。
他例 必至・至当

05 (湿度)
空気中の水蒸気の割合。
他例 湿潤・湿原・湿布・除湿

06 (拝)
左右の手のひらを合わせて神仏に祈る。

07 (辞)
地位・官職・勤めなどから退く。

08 (的外)
ねらいからはずれていること。大事な点からそれているさま。

09 (設)
建物や規則をつくる。

10 (緩)
財布のひもを緩める＝浪費する。

次の──線のカタカナを漢字に直せ。

□ **01** 業務に**シショウ**をきたす。 （　　　　）

□ **02** お茶を飲んで**ダンショウ**する。 （　　　　）

□ **03** **タクエツ**した能力の持ち主だ。 （　　　　）

□ **04** 難民を**シュウヨウ**する施設。 （　　　　）

□ **05** 入院した妹を**カンビョウ**する。 （　　　　）

□ **06** 目標額にはまだ**ホドトオ**い。 （　　　　）

□ **07** 弟は**キモ**がすわっている。 （　　　　）

□ **08** 切れないナイフを**ト**ぐ。 （　　　　）

□ **09** 年賀状に版画を**ス**る。 （　　　　）

□ **10** **ミナモト**を南アルプスに発する川。（　　　　）

解答 **解説**

読み
同音・同訓異字
漢字の識別
熟語の構成
部首
対義語・類義語
送り仮名
四字熟語
誤字訂正
書き取り

01 （ 支障 ）
差しさわり。差しつかえ。
他例 故障・障害

02 （ 談笑 ）
わらいながら打ち解けて話し合うこと。

03 （ 卓越 ）
群を抜いてすぐれていること。
他例 食卓・卓出・円卓・卓絶

04 （ 収容 ）
人・物を一定の場所・施設におさめ入れること。
他例 収蔵

05 （ 看病 ）
病人の世話をすること。
他例 看護・看破・看過・看板

06 （ 程遠 ）
距離や時間の隔たりがかなりある。

07 （ 肝 ）
肝がすわる＝度胸がある。

08 （ 研 ）
よく切れるように鋭くする。

09 （ 刷 ）
版木や活字版にインク・絵の具などをつけて、字や絵を紙に写し出す。

10 （ 源 ）
川の水の流れ出るもと。

次の——線のカタカナを漢字に直せ。

□ **01** 裁判の**ボウチョウ**にいく。　　（　　　）

□ **02** 飛行機の**ソウジュウ**を習いたい。（　　　）

□ **03** 事態の**スイイ**を見守る。　　（　　　）

□ **04** 政策について激しく**トウロン**する。（　　　）

□ **05** 世界記録を大幅に**タンシュク**する。（　　　）

□ **06** 料理を**コ**がしてしまった。　　（　　　）

□ **07** 動員数は**ノ**べ五万人を超えた。　（　　　）

□ **08** 仏壇に花を**ソナ**える。　　　　（　　　）

□ **09** 事件の首謀者に**サバ**きが下る。　（　　　）

□ **10** 互いに首位を**キソ**う。　　　　（　　　）

一番
よくでるよ！

でる度 ★★★ / ★★ / ★

解答

解説

01 (傍聴)
許可を得てそばで聞くこと。
他例 聴講・聴覚・視聴

02 (操縦)
自分の思うとおりに機械、特に飛行機を動かすこと。
他例 操作

03 (推移)
うつり変わること。
他例 推量

04 (討論)
意見をたたかわせること。
他例 論戦

05 (短縮)
物事を時間や距離の面でちぢめること。
他例 縮尺・縮図・縮小

06 (焦)
火や熱で焼いて黒くする。

07 (延)
重複分もそれぞれ一つとして数え、総計すること。

08 (供)
神仏や貴人の前に物を差し上げる。

09 (裁)
事の正・不正をはっきりさせること。審判。

10 (競)
争う。互いに張り合う。

次の——線の漢字の読みをひらがなで記せ。

□ **01** コンクールで<u>佳作</u>に選ばれる。（　　　　）

□ **02** 任務を<u>遂行</u>する。（　　　　）

□ **03** 大波が来てボートが<u>転覆</u>した。（　　　　）

□ **04** <u>抽象</u>的でわかりにくい表現だ。（　　　　）

□ **05** <u>暖炉</u>に火を入れる。（　　　　）

□ **06** 米を<u>発酵</u>させて酒をつくる。（　　　　）

□ **07** 先生に小論文を<u>添削</u>してもらう。（　　　　）

□ **08** 眠りを<u>妨</u>げる騒音が聞こえる。（　　　　）

□ **09** 一心不乱に仏像を<u>彫</u>る。（　　　　）

□ **10** 故郷での日日を<u>顧</u>みる。（　　　　）

読み

同音・同訓異字

漢字の識別

熟語の構成

部首

対義語・類義語

送り仮名

四字熟語

誤字訂正

書き取り

解答 / 解説

01 (かさく)
入選に次ぐ優れた作品。
他例 佳境

02 (すいこう)
物事を成し遂げること。
他例 完遂

03 (てんぷく)
車両・船などがひっくり返ること。
他例 覆面

04 (ちゅうしょう)
抽象的＝物事が具体性を欠き、現実から離れているさま。
他例 抽出・抽選

05 (だんろ)
火を燃やして部屋を暖める、壁に作り付けた炉。
他例 香炉・炉端・原子炉

06 (はっこう)
酵母やかびなどの作用で、糖類などの有機化合物が分解する現象。
他例 酵母・酵素

07 (てんさく)
人の文章や答案などを、削ったり書き加えたりして直すこと。
他例 削減・削除

08 (さまた)
物事の進行を邪魔する。

09 (ほ)
刻む。彫刻する。

10 (かえり)
過ぎ去ったことを思う。回想する。

次の——線の漢字の読みをひらがなで記せ。

□ **01** 地震で地盤が隆起した。　　　（　　　　）

□ **02** 告げ口をしたと邪推される。　（　　　　）

□ **03** 夫婦で人生の哀歓をともにする。（　　　　）

□ **04** 借金の返済を催促する。　　　（　　　　）

□ **05** その意見は傾聴に値するものだ。（　　　　）

□ **06** 成績優秀者の学費を免除する。（　　　　）

□ **07** 隣国との間の紛争を回避する。（　　　　）

□ **08** まだ粗削りだが素質はある。　（　　　　）

□ **09** 桜のつぼみが膨らむ。　　　　（　　　　）

□ **10** 業務を速やかに処理する。　　（　　　　）

読み

同音・同訓異字

漢字の識別

熟語の構成

部首

対義語・類義語

送り仮名

四字熟語

誤字訂正

書き取り

合格点	得点
7/10	/10

これも
ねらわれる！

解答　　　　　　　　　　解説

01 （ りゅうき ）
高く盛り上がること。
他例 隆盛・興隆

02 （ じゃすい ）
他人の言動を悪く推察すること。
他例 邪魔・邪念・邪悪・無邪気・邪道

03 （ あいかん ）
かなしみとよろこび。
他例 哀切・悲哀・哀願

04 （ さいそく ）
早くするようにせきたてること。
他例 促進

05 （けいちょう）
耳を傾けて、熱心に聴き入ること。
他例 聴衆・聴取・試聴・傍聴

06 （ めんじょ ）
義務・役目などをなくしてやること。
他例 放免・免許・御免・免状

07 （ ふんそう ）
争い。もめごと。
他例 内紛・紛失

08 （ あらけず ）
まだ十分に練りみがかれていないさま。

09 （ ふく ）
内から外へ盛り上がって大きくなる。

10 （ すみ ）
時間をかけないさま。

次の――線の漢字の読みをひらがなで記せ。

□ **01** 既婚者にアンケート調査を行う。（　　　　）

□ **02** 国連に緊急支援を要請する。　（　　　　）

□ **03** 帳簿のつけ方を教わる。　　　（　　　　）

□ **04** 屈託のない笑顔がすがすがしい。（　　　　）

□ **05** 弱冠十六歳でメダルを獲得した。（　　　　）

□ **06** 零落した一族の物語を読む。　（　　　　）

□ **07** 敢然と敵に立ち向かう。　　　（　　　　）

□ **08** 幻のチョウを追い求める。　　（　　　　）

□ **09** 巧みな手つきで仕上げていく。（　　　　）

□ **10** スキー合宿の参加者を募る。　（　　　　）

* *

解答 / **解説**

読み

同音・同訓異字

漢字の識別

熟語の構成

部首

対義語・類義語

送り仮名

四字熟語

誤字訂正

書き取り

01 （ きこん ）
結婚していること。
他例 既成・既定・既製・既刊・既知

02 （ ようせい ）
必要なこととして、そうしてくれるように願い求めること。
他例 申請・請求

03 （ ちょうぼ ）
会計・営業・事務などの必要事項を記入する帳面。
他例 名簿

04 （ くったく ）
ささいなことを気にかけてくよくよすること。
他例 嘱託・委託・託児

05 （ じゃっかん ）
年が若いこと。
他例 栄冠

06 （ れいらく ）
落ちぶれること。
他例 零細

07 （ かんぜん ）
危険や困難を恐れず思いきって行動するさま。
他例 果敢・敢行・勇敢

08 （ まぼろし ）
あると言われながら目にすることのできないもの。

09 （ たく ）
物事を上手に成し遂げるさま。手ぎわのいいさま。

10 （ つの ）
募集する。広く招き集める。

次の──線の漢字の読みをひらがなで記せ。

□ **01** 痛む部分に薬を<u>塗布</u>する。 （ 　　 ）

□ **02** タンクが<u>破裂</u>する恐れがある。 （ 　　 ）

□ **03** 彼の<u>冗漫</u>な話にうんざりする。 （ 　　 ）

□ **04** 室内に<u>殺伐</u>とした空気が流れる。（ 　　 ）

□ **05** 子どもたちが<u>幽霊</u>を怖がる。 （ 　　 ）

□ **06** <u>粘着</u>力の強いテープを使う。 （ 　　 ）

□ **07** 恩師を<u>敬慕</u>する心を忘れない。 （ 　　 ）

□ **08** 脱獄を<u>企</u>てる。 （ 　　 ）

□ **09** 就職活動の厳しい現状を<u>憂</u>える。（ 　　 ）

□ **10** 赤字の<u>穴埋</u>めに苦心する。 （ 　　 ）

* *

合格点	得点
7/10	/10

これも
ねらわれる!

読み

同音・同訓異字

漢字の識別

熟語の構成

部首

対義語・類義語

送り仮名

四字熟語

誤字訂正

書き取り

解答 / 解説

01 (とふ)
(薬品・塗料などを) 塗りつけること。
他例 塗装

02 (はれつ)
勢いよく裂けること。
他例 決裂・分裂

03 (じょうまん)
むだな部分が多くてしまりのないこと。
くどくてまとまりがないこと。
他例 冗談・冗費

04 (さつばつ)
穏やかさがなく、すさんでいるさま。
他例 伐採・濫伐・間伐

05 (ゆうれい)
死者が成仏できずにこの世に現れるという姿。
他例 幽谷・幽玄

06 (ねんちゃく)
粘りつくこと。
他例 粘膜

07 (けいぼ)
敬い慕うこと。
他例 恋慕

08 (くわだ)
行動を起こそうとして計画を立てる。

09 (うれ)
よくない状態を心配し嘆く。

10 (あなう)
欠けた分を補うこと。

次の――線の漢字の読みをひらがなで記せ。

□ **01** ジャングルに狩猟に出かける。（　　　）

□ **02** 漏電による火災が起きた。（　　　）

□ **03** ビタミンＣが欠乏気味だ。（　　　）

□ **04** 大病後は摂生に努める。（　　　）

□ **05** スキャンダルを暴露する。（　　　）

□ **06** お小遣いを倹約する。（　　　）

□ **07** やせて顔の輪郭がはっきりする。（　　　）

□ **08** 悪事をばらすぞと脅す。（　　　）

□ **09** 戦争を憎む。（　　　）

□ **10** しとしとと降る雨が恨めしい。（　　　）

合格点	得点
7/10	/10

これも
ねらわれる！

読み

同音・同訓異字

漢字の識別

熟語の構成

部首

対義語・類義語

送り仮名

四字熟語

誤字訂正

書き取り

解答 / 解説

01 (しゅりょう)
鉄砲や網などで野生の鳥や獣を捕らえること。
他例 猟師

02 (ろうでん)
電気器具や電線の損傷・絶縁不良などにより、電気がもれ流れること。
他例 漏水・遺漏・脱漏

03 (けつぼう)
必要なものが乏しくて足りないこと。
他例 耐乏

04 (せっせい)
健康に気を配り、何事も度を越さないようにして生活すること。
他例 摂理・摂取

05 (ばくろ)
秘密や悪事をあばき出すこと。

06 (けんやく)
金や物をむだ遣いしないで切り詰めること。

07 (りんかく)
物体の外形をふちどる線。
他例 外郭

08 (おど)
自分の意に従わせようと、相手を怖がらせる。

09 (にく)
憎らしく思う。きらう。

10 (うら)
思うようにならず残念に思う。

117

次の──線の漢字の読みをひらがなで記せ。

□ **01** 小説の仕掛けとして伏線を張る。(　　　　)

□ **02** 英文のレポートを翻訳する。　　(　　　　)

□ **03** 万全の措置を講じる。　　　　　(　　　　)

□ **04** 霊峰富士を仰ぎ見る。　　　　　(　　　　)

□ **05** 君の説明で納得しました。　　　(　　　　)

□ **06** 海岸線が湾曲している。　　　　(　　　　)

□ **07** 胎児が順調に成長している。　　(　　　　)

□ **08** 処遇について不満を漏らす。　　(　　　　)

□ **09** 新たに社員を雇う。　　　　　　(　　　　)

□ **10** 分別のない愚かな行為だ。　　　(　　　　)

解答 / **解説**

01 (ふくせん)
後で述べることのために、前もってそれとなくほのめかしておくこと。
他例 潜伏・起伏・屈伏

02 (ほんやく)
ある国の言語（文章）を、同じ内容の他の国の言語（文章）に表現し直すこと。
他例 翻意

03 (そち)
始末がつくよう取り計らうこと。
他例 措辞

04 (れいほう)
神仏を祭ってある山。神聖な山。
他例 幽霊

05 (なっとく)
人の考えや行動を理解して受け入れること。
他例 納豆・出納

06 (わんきょく)
弓なりに曲がること。
他例 港湾

07 (たいじ)
母親の胎内で育っている子ども。
他例 胎動

08 (も)
感情や思いを口にする。

09 (やと)
賃金や給料を払って人を使う。

10 (おろ)
知恵の足りないさま。頭の働きのにぶいさま。

次の——線の漢字の読みをひらがなで記せ。

□ 01 祖母に裁縫と着付けを教わる。 (　　　　　)

□ 02 契約を破棄する。 (　　　　　)

□ 03 彼は将来を嘱望されている。 (　　　　　)

□ 04 排気ガスで大気が汚染される。 (　　　　　)

□ 05 家宝の剣を奉納する。 (　　　　　)

□ 06 新聞に広告を掲載する。 (　　　　　)

□ 07 オリンピック選手団を激励する。(　　　　　)

□ 08 空に漂う白い雲。 (　　　　　)

□ 09 ゲームで遊ぶのに飽きる。 (　　　　　)

□ 10 古新聞をひもで縛る。 (　　　　　)

解答	解説
01 (さいほう)	布地を寸法どおりに裁ち切って衣服など に縫い上げること。 他例 縫合・縫製
02 (はき)	約束を一方的に取り消すこと。 他例 棄却・投棄・放棄・棄権・遺棄
03 (しょくぼう)	前途・将来に望みをかけること。期待す ること。 他例 嘱託・委嘱・嘱目
04 (おせん)	空気・水などが、有毒なガスや放射能な どによって汚れること。
05 (ほうのう)	神仏にささげ納めること。 他例 奉仕・信奉
06 (けいさい)	文章や写真を新聞や雑誌に載せること。 他例 掲揚
07 (げきれい)	励まして元気づけること。 他例 励行・精励
08 (ただよ)	空中や水面に浮かんで揺れ動く。
09 (あ)	十分に経験していやになる。
10 (しば)	なわ・ひもなどでくくる。結わえる。

読み

同音・同訓異字

漢字の識別

熟語の構成

部首

対義語・類義語

送り仮名

四字熟語

誤字訂正

書き取り

次の――線の漢字の読みをひらがなで記せ。

□ **01** 連携プレーの練習をする。　　（　　　）

□ **02** オートバイで道路を疾駆する。（　　　）

□ **03** 日夜、一心不乱に鍛錬する。　（　　　）

□ **04** 水害の脅威にさらされる。　　（　　　）

□ **05** あの方は有名な棋士です。　　（　　　）

□ **06** 生活には娯楽が必要だ。　　　（　　　）

□ **07** 甲乙つけがたい出来映えだ。　（　　　）

□ **08** 数多くの名作小説を著す。　　（　　　）

□ **09** 色鮮やかな料理に食卓が華やぐ。（　　　）

□ **10** 代表をめざして練習に励む。　（　　　）

解答

解説

01 (れんけい)

同じ目的を持つ者どうしが協力し合って物事を行うこと。
[他例] 提携

02 (しっく)

馬や車で速く走ること。
[他例] 疾走・疾風

03 (たんれん)

激しいけいこを積んで、心身や技能をみがくこと。

04 (きょうい)

強い力や勢いでおびやかすこと。また、おびやかされることで感じる恐ろしさ。

05 (きし)

職業として将棋・囲碁をする人。

06 (ごらく)

人の心を楽しませ、なぐさめるもの。

07 (こうおつ)

優劣。

08 (あらわ)

作品を書いて世に出す。
[他例] 著しい

09 (はな)

明るく華やかになる。

10 (はげ)

力を尽くす。

読み

同音・同訓異字

漢字の識別

熟語の構成

部首

対義語・類義語

送り仮名

四字熟語

誤字訂正

書き取り

次の――線のカタカナにあてはまる漢字をそれぞれの
ア～オから一つ選び、記号を記せ。

□ **01** 地下室に<u>ユウ</u>閉する。　　　　　　（　　）

□ **02** 息子の将来を<u>ユウ</u>慮する。　　　　（　　）

□ **03** いよいよ雌<u>ユウ</u>を決する時だ。　　（　　）

（ア 誘　イ 優　ウ 憂　エ 雄　オ 幽）

□ **04** 不要になったデータを破<u>キ</u>する。（　　）

□ **05** 成功までの<u>キ</u>跡をたどる。　　　　（　　）

□ **06** 今まさに運命の<u>キ</u>路に立つ。　　　（　　）

（ア 既　イ 軌　ウ 棄　エ 岐　オ 企）

□ **07** 毎日食べ過ぎて肉は<u>ア</u>きた。　　　（　　）

□ **08** からりと上手に天ぷらを<u>ア</u>げる。（　　）

□ **09** 期待しすぎると痛い目に<u>ア</u>う。　（　　）

（ア 挙　イ 飽　ウ 上　エ 揚　オ 遭）

これも
ねらわれる！

解答　　　　　**解説**

01 （ **オ** ）
幽閉＝人を建物・部屋などに閉じ込めること。
他例 幽玄・幽谷

02 （ **ウ** ）
憂慮＝うれい気遣うこと。心配すること。

03 （ **エ** ）
雌雄を決する＝戦って勝敗を決める。
他例 雄大・雄弁

04 （ **ウ** ）
破棄＝破りすてること。
他例 棄却・放棄・棄権・投棄

05 （ **イ** ）
軌跡＝人や物事のたどったあと。
他例 軌道・常軌

06 （ **エ** ）
岐路＝分かれ道。
他例 分岐・多岐

07 （ **イ** ）
飽きる＝十分すぎていやになる。

08 （ **エ** ）
揚げる＝食材を熱い油に入れて熱を通し、料理をつくる。

09 （ **オ** ）
遭う＝思いがけない出来事や災難に直面する。

読み

同音・同訓異字

漢字の識別

熟語の構成

部首

対義語・類義語

送り仮名

四字熟語

誤字訂正

書き取り

次の――線のカタカナにあてはまる漢字をそれぞれの
ア～オから一つ選び、記号を記せ。

□ **01** この辺で**カン**弁してください。　（　　）

□ **02** 悪徳商法への注意を**カン**起する。（　　）

□ **03** 勇**カン**な若者が幼児を救った。　（　　）

（**ア** 敢　**イ** 貫　**ウ** 喚　**エ** 換　**オ** 勘）

□ **04** 原文を抜**スイ**して引用する。　（　　）

□ **05** **スイ**飯器に研いだ米を入れる。　（　　）

□ **06** すばらしい演奏に陶**スイ**する。　（　　）

（**ア** 衰　**イ** 吹　**ウ** 炊　**エ** 粋　**オ** 酔）

□ **07** 選手に**オ**しみない拍手を送る。　（　　）

□ **08** 母が**オ**い立ちを語り出す。　（　　）

□ **09** 彼を委員長に**オ**す。　（　　）

（**ア** 惜　**イ** 押　**ウ** 生　**エ** 推　**オ** 老）

合格点	得点
7/9	/9

これも
ねらわれる！

でる度
★★★
★

解答　　　　**解説**

読み

同音・同訓異字

漢字の識別

熟語の構成

部首

対義語・類義語

送り仮名

四字熟語

誤字訂正

書き取り

01 （ オ ）　勘弁＝他人のあやまちを許すこと。

02 （ ウ ）　喚起＝呼び起こすこと。

03 （ ア ）　勇敢＝勇気があり、進んで物事に向かっていくさま。
他例 敢行・敢然・果敢

04 （ エ ）　抜粋＝書物や作品などから、必要な部分を抜き出すこと。
他例 純粋・不粋

05 （ ウ ）　炊飯器＝電気やガスを用いて飯をたきあげる器具。
他例 炊事・雑炊・自炊

06 （ オ ）　陶酔＝心を奪われ、うっとりとしてその気分に浸ること。
他例 心酔

07 （ ア ）　惜しみない＝出すことをいやがらずに、出せるだけ出すさま。

08 （ ウ ）　生い立ち＝育ってきた過程。育ち。

09 （ エ ）　推す＝人や事柄を、ある身分・地位にふさわしいものとしてすすめる。

次の——線のカタカナにあてはまる漢字をそれぞれの
ア～オから一つ選び、記号を記せ。

□ **01** <u>サイ</u>権の回収に全力を尽くす。　（　　）

□ **02** 矢のような<u>サイ</u>促にも応じない。（　　）

□ **03** 色<u>サイ</u>が美しい映画を見る。　（　　）

（ア 済　イ 催　ウ 彩　エ 採　オ 債）

□ **04** 店の<u>コ</u>客に案内状を出す。　（　　）

□ **05** 絶海の<u>コ</u>島にたどり着いた。　（　　）

□ **06** 問題を起こした社員を解<u>コ</u>する。（　　）

（ア 顧　イ 雇　ウ 孤　エ 弧　オ 誇）

□ **07** 意匠を<u>コ</u>らした腕時計を買う。　（　　）

□ **08** フライパンを<u>コ</u>がしてしまった。（　　）

□ **09** 三十八度を<u>コ</u>える猛暑が続く。　（　　）

（ア 焦　イ 凝　ウ 込　エ 超　オ 肥）

解答 / 解説

読み

同音・同訓異字

漢字の識別

熟語の構成

部首

対義語・類義語

送り仮名

四字熟語

誤字訂正

書き取り

01 （ オ ）

債権＝特定の人が他の特定の人に対して、一定の給付を請求する権利。借金の請求権など。

02 （ イ ）

催促＝早くするようにせきたてること。
[他例] 開催

03 （ ウ ）

色彩＝いろどりや色合い。
[他例] 精彩・多彩

04 （ ア ）

顧客＝お得意。ひいきの客。
[他例] 回顧・顧慮・顧問・愛顧・後顧

05 （ ウ ）

孤島＝陸地や他の島から隔たって、海上にただ一つぽつんとある島。
[他例] 孤独・孤立・孤高

06 （ イ ）

解雇＝労働契約を破棄すること。
[他例] 雇用

07 （ イ ）

凝らす＝注意や感覚などを一か所に集中させる。

08 （ ア ）

焦がす＝火や熱で焼いて黒くする。

09 （ エ ）

超える＝きまった範囲や分量を上回る。

次の——線のカタカナにあてはまる漢字をそれぞれの
ア〜オから一つ選び、記号を記せ。

□ **01** 家計簿をつけて**ケン**約に努める。（　　）

□ **02** 素早く**ケン**明な判断を下す。（　　）

□ **03** 晴雨に**ケン**用できるかさ。（　　）

（ア 兼　イ 険　ウ 剣　エ 倹　オ 賢）

□ **04** 寺のつり鐘を**チュウ**造する。（　　）

□ **05** **チュウ**象的な絵を描く画家。（　　）

□ **06** 駅の近くに公営の**チュウ**輪場がある。（　　）

（ア 注　イ 鋳　ウ 抽　エ 宙　オ 駐）

□ **07** 自らの失敗を**ク**やむ。（　　）

□ **08** 残高を翌年に**ク**り越す。（　　）

□ **09** 古くなった柱が**ク**ちる。（　　）

（ア 来　イ 暮　ウ 朽　エ 繰　オ 悔）

解答 / 解説

01 （ エ ）

倹約＝金や物をむだ遣いしないで切り詰める
こと。

02 （ オ ）

賢明＝かしこくて道理に明るいこと。
他例 賢人・先賢

03 （ ア ）

兼用＝一つのものを二つ以上の用途に使うこ
と。
他例 兼業

04 （ イ ）

鋳造＝金属を溶かし、型に入れて器具をつく
ること。

05 （ ウ ）

抽象的＝物事が具体性を欠き、現実から離れ
ているさま。
他例 抽出

06 （ オ ）

駐輪場＝自転車をとめておく場所。
他例 駐車・駐留・駐在

07 （ オ ）

悔やむ＝自分がしたことをくやしく思う。残
念に思う。

08 （ エ ）

繰り越す＝ある期間に行うことを順に次に送
る。

09 （ ウ ）

朽ちる＝腐って役に立たなくなる。

読み

同音・同訓異字

漢字の識別

熟語の構成

部首

対義語・類義語

送り仮名

四字熟語

誤字訂正

書き取り

次の――線のカタカナにあてはまる漢字をそれぞれの
ア〜オから一つ選び、記号を記せ。

□ **01** 火災の原因は**ロウ**電らしい。　（　　）

□ **02** 長い回**ロウ**を渡って本堂に行く。（　　）

□ **03** 蓄えた金を**ロウ**費する。　　　　（　　）

（ア 廊　イ 浪　ウ 朗　エ 漏　オ 郎）

□ **04** 後**カイ**先に立たずとはこのことだ。（　　）

□ **05** 団**カイ**の世代が活躍する。　　　（　　）

□ **06** **カイ**道を歩いて旅をする。　　　（　　）

（ア 皆　イ 戒　ウ 塊　エ 街　オ 悔）

□ **07** 型紙にあわせて布地を**タ**つ。　　（　　）

□ **08** めでたい日には赤飯を**タ**く。　　（　　）

□ **09** 厳しい訓練にも**タ**えてきた。　　（　　）

（ア 立　イ 炊　ウ 建　エ 耐　オ 裁）

132

読み

同音・同訓異字

漢字の識別

熟語の構成

部首

対義語・類義語

送り仮名

四字熟語

誤字訂正

書き取り

解答

解説

01 （ **エ** ）

漏電＝電気器具や電線の損傷・絶縁不良などにより、電気がもれ流れること。
[他例] 漏水・脱漏・遺漏

02 （ **ア** ）

回廊＝建物を囲むようにつくられた、長く続く折れ曲がった通路。
[他例] 廊下・画廊

03 （ **イ** ）

浪費＝むだ遣い。
[他例] 放浪・波浪・浪人

04 （ **オ** ）

後悔先に立たず＝終わった後で失敗をくやんでも取り返しがつかない。
[他例] 悔恨

05 （ **ウ** ）

団塊の世代＝第二次世界大戦後の数年間に生まれた人口の多い世代。
[他例] 金塊

06 （ **エ** ）

街道＝町と町を結ぶ、行政上、交通上の主要な道路。

07 （ **オ** ）

裁つ＝衣服を仕立てるために布地を切る。

08 （ **イ** ）

炊く＝水につけた米などに熱を通して食べられるようにする。

09 （ **エ** ）

耐える＝苦しいこと、つらいことなどをじっと我慢する。

三つの□に共通する漢字を入れて熟語を作れ。漢字は1～5、6～10それぞれ右の□□から一つ選び、記号を記せ。

□ 01 重□・□圧・□魂　（　　）

□ 02 征□・□採・間□　（　　）

□ 03 □述・□情・□列　（　　）

□ 04 □没・□蔵・□葬　（　　）

□ 05 □弱・盛□・□微　（　　）

ア	服
イ	陳
ウ	埋
エ	要
オ	鎮
カ	沈
キ	論
ク	伐
ケ	衰
コ	虚

□ 06 採□・選□・□一　（　　）

□ 07 □価・清□・破□恥（　　）

□ 08 発□・□母・□素　（　　）

□ 09 □会・□席・祝□　（　　）

□ 10 □成・□進・催□　（　　）

ア	択
イ	促
ウ	揮
エ	宴
オ	頼
カ	廉
キ	酵
ク	株
ケ	児
コ	達

合格点	得点
7/10	/10

これも
ねらわれる！

読み

同音・同訓異字

漢字の識別

熟語の構成

部首

対義語・類義語

送り仮名

四字熟語

誤字訂正

書き取り

解答・解説

01 （オ）
重鎮＝ある方面で非常に重んじられている人。
鎮圧＝反乱や暴動を武力で抑えしずめること。
鎮魂＝死者の霊をなぐさめしずめること。
他例 文鎮 鎮座 鎮痛

02 （ク）
征伐＝反逆者や悪人を攻めうつこと。
伐採＝樹木を切り出すこと。
間伐＝森林で一部の木を切りまばらにすること。
他例 濫伐 討伐 殺伐

03 （イ）
陳述＝意見を口で述べること。
陳情＝役所などに実情を述べ対策を求めること。
陳列＝見せるために品物を並べること。
他例 陳腐 陳謝 開陳

04 （ウ）
埋没＝うもれ隠れてしまうこと。
埋蔵＝地中にうまっていること。
埋葬＝遺骨を墓に納めること。

05 （ケ）
衰弱＝おとろえて力を失い弱ること。
盛衰＝盛んになることとおとろえること。
衰微＝おとろえ弱ること。
他例 衰亡 衰退 老衰

06 （ア）
採択＝いくつかの中から選び取り上げること。
選択＝多くの中から、よいものを選ぶこと。
択一＝二つ以上のものの中から一つを選ぶこと。

07 （カ）
廉価＝値段の安いこと。
清廉＝心が清く、私欲のないこと。
破廉恥＝恥ずかしいことをしても平気なこと。
他例 廉売

08 （キ）
発酵＝有機化合物が分解する現象。
酵母＝酒やパンの製造に利用する単細胞のかび。
酵素＝生体内の化学反応の速度に影響する物質。

09 （エ）
宴会＝酒食を共にし歌や踊りを楽しむ集まり。
宴席＝うたげの席。
祝宴＝祝いのうたげ。

10 （イ）
促成＝植物などの生長を人工的に早めること。
促進＝物事が早く運ぶように仕向けること。
催促＝早くするようにせきたてること。

三つの□に共通する漢字を入れて熟語を作れ。漢字は1～5、6～10それぞれ右の□□から一つ選び、記号を記せ。

□ 01 □除・減□・放□ （　　）

□ 02 □越・食□・□抜 （　　）

□ 03 魅□・□解・□承 （　　）

□ 04 利□・□滑・□沢 （　　）

□ 05 満□・□煙・□茶 （　　）

ア 卓
イ 超
ウ 了
エ 潤
オ 削
カ 惑
キ 免
ク 益
ケ 悦
コ 喫

□ 06 内□・□争・□失 （　　）

□ 07 □燥・□慮・□点 （　　）

□ 08 □願・申□・□負 （　　）

□ 09 傾□・傍□・□衆 （　　）

□ 10 勇□・□闘・□行 （　　）

ア 装
イ 敢
ウ 紛
エ 乾
オ 聴
カ 請
キ 猛
ク 焦
ケ 哀
コ 斜

解答 / 解説

01（キ）
免除＝義務・役目などをなくしてやること。
減免＝負担を軽くし、または全く除くこと。
放免＝拘束を解いて行動を自由にすること。
他例：免許　免税　赦免

02（ア）
卓越＝群を抜いて優れていること。
食卓＝食事をするときに使う台。テーブル。
卓抜＝他よりはるかに優れていること。
他例：卓見　教卓　卓球

03（ウ）
魅了＝人の心をひきつけて夢中にさせること。
了解＝物事の内容を理解して認めること。
了承＝事情をくみ、納得して承知すること。
他例：修了　完了　未了

04（エ）
利潤＝もうけ。利益。
潤滑＝うるおいがあって滑らかなこと。
潤沢＝物が豊富にあること。
他例：潤色　湿潤

05（コ）
満喫＝十分に味わって満足すること。
喫煙＝たばこを吸うこと。
喫茶＝茶を飲むこと。
他例：喫水

06（ウ）
内紛＝組織の内部でのもめごとや争い。
紛争＝争い。もめごと。
紛失＝物がまぎれてなくなること。
他例：紛議

07（ク）
焦燥＝思いどおりにならずあせること。
焦慮＝あせっていらいらすること。
焦点＝人の注意や興味が集まる中心点。

08（カ）
請願＝役所などに希望を文書で願い出ること。
申請＝役所などに許可・認可を願い出ること。
請負＝頼まれて引き受けること。
他例：要請　請求

09（オ）
傾聴＝耳を傾けて熱心に聞き入ること。
傍聴＝演説・講演などをそのそばで聞くこと。
聴衆＝講演・音楽などを聞きに集まった人々。
他例：聴講　盗聴　聴覚

10（イ）
勇敢＝勇気があり、進んで立ち向かうこと。
敢闘＝勇気をもってたたかうこと。
敢行＝困難を押し切り、思い切って行うこと。
他例：敢然　果敢

読み　同音・同訓異字　漢字の識別　熟語の構成　部首　対義語・類義語　送り仮名　四字熟語　誤字訂正　書き取り

三つの□に共通する漢字を入れて熟語を作れ。漢字は
1～5、6～10それぞれ右の□□□から一つ選び、記号を記せ。

□ 01 奇□・□談・□気炎（　　）

ア 妙
イ 凍
ウ 催
エ 封
オ 怪
カ 識
キ 駐
ク 締
ケ 蛮
コ 武

□ 02 開□・□促・□眠（　　）

□ 03 常□・□在・□輪（　　）

□ 04 □勇・野□・□声（　　）

□ 05 □結・□傷・解□（　　）

□ 06 □閉・□霊・□玄（　　）

ア 審
イ 密
ウ 誘
エ 楼
オ 組
カ 概
キ 候
ク 幽
ケ 評
コ 軌

□ 07 □跡・□道・常□（　　）

□ 08 □閣・□門・鐘□（　　）

□ 09 気□・□略・□念（　　）

□ 10 □議・□判・□査（　　）

読み

同音・同訓異字

漢字の識別

熟語の構成

部首

対義語・類義語

送り仮名

四字熟語

誤字訂正

書き取り

解答 / 解説

01（オ）
奇怪＝普通では考えられない不思議なこと。
怪談＝化け物などが出てくる気味の悪い話。
怪気炎＝信じがたいほど調子がよい盛んな意気。
他例：怪獣・怪力・怪盗

02（ウ）
開催＝会合や式典などを行うこと。
催促＝早くするようにせきたてること。
催眠＝薬や暗示によって眠くさせること。
他例：主催・催涙

03（キ）
常駐＝いつもそこにいて勤務していること。
駐在＝公務員などが任地にとどまっていること。
駐輪＝自転車をとめておくこと。
他例：駐留・進駐

04（ケ）
蛮勇＝向こう見ずな勇気。
野蛮＝無作法で乱暴なさま。
蛮声＝荒々しく粗暴な大声。
他例：蛮行

05（イ）
凍結＝こおりつくこと。
凍傷＝低温にさらされて受ける傷害。
解凍＝こおらせた物を元の状態にもどすこと。
他例：冷凍

06（ク）
幽閉＝ある場所に閉じこめること。
幽霊＝死者の霊魂が生前の姿で現れるもの。
幽玄＝深い情趣を感じさせる中世の美の理念。
他例：幽界・幽谷

07（コ）
軌跡＝車輪の通った跡。
軌道＝物体が運動するときに描く一定の道筋。
常軌＝普通のやり方や考え方。

08（エ）
楼閣＝高い建物。
楼門＝二階造りの門。やぐらのある門。
鐘楼＝寺の鐘つき堂。

09（カ）
気概＝困難などにくじけない強い気性。
概略＝物事の大まかな様子。
概念＝ある物事についての大まかな理解。
他例：概算・概況・概要

10（ア）
審議＝詳しく調べ、その可否を討議すること。
審判＝事件を詳しく調べて判決すること。
審査＝詳しく調べ優劣採否などを定めること。
他例：審美・誤審・不審

熟語の構成のしかたには次のようなものがある。

> ア 同じような意味の漢字を重ねたもの（**岩石**）
> イ 反対または対応の意味を表す字を重ねたもの（**高低**）
> ウ 上の字が下の字を修飾しているもの（**洋画**）
> エ 下の字が上の字の目的語・補語になっているもの（**着席**）
> オ 上の字が下の字の意味を打ち消しているもの（**非常**）

次の熟語は、上のどれにあたるか、記号で記せ。

- □ **01** 討伐 （　　　）

- □ **02** 不吉 （　　　）

- □ **03** 尊卑 （　　　）

- □ **04** 滅亡 （　　　）

- □ **05** 除湿 （　　　）

- □ **06** 脅威 （　　　）

- □ **07** 駐車 （　　　）

- □ **08** 抑揚 （　　　）

- □ **09** 廉価 （　　　）

- □ **10** 催眠 （　　　）

|---|---|---|---|
| 合格点 | 得点 | これも | でる度 |
| 7/10 | /10 | ねらわれる！ | ★★★ ★★ ★ |

よく考えてみよう！

	解答		解説
01	（ ア ）	討伐	どちらも「敵をうつ」の意。
02	（ オ ）	不吉	「良いことがない」と解釈。
03	（ イ ）	尊卑	「尊い」⟷「いやしい」と解釈。
04	（ ア ）	滅亡	どちらも「ほろびる・なくなる」の意。
05	（ エ ）	除湿	「除く←湿気を」と解釈。
06	（ ア ）	脅威	どちらも「おびやかす」の意。
07	（ エ ）	駐車	「とめる←車を」と解釈。
08	（ イ ）	抑揚	「下げる」⟷「上げる」と解釈。
09	（ ウ ）	廉価	「安い→値段」と解釈。
10	（ エ ）	催眠	「催す←眠気を」と解釈。

読み／同音・同訓異字／漢字の識別／熟語の構成／部首／対義語・類義語／送り仮名／四字熟語／誤字訂正／書き取り

141

熟語の構成のしかたには次のようなものがある。

ア	同じような意味の漢字を重ねたもの (**岩石**)
イ	反対または対応の意味を表す字を重ねたもの (**高低**)
ウ	上の字が下の字を修飾しているもの (**洋画**)
エ	下の字が上の字の目的語・補語になっているもの (**着席**)
オ	上の字が下の字の意味を打ち消しているもの (**非常**)

次の熟語は、上のどれにあたるか、記号で記せ。

□ **01** 錯誤 (　　　)

□ **02** 未遂 (　　　)

□ **03** 休憩 (　　　)

□ **04** 合掌 (　　　)

□ **05** 吉凶 (　　　)

□ **06** 硬貨 (　　　)

□ **07** 既知 (　　　)

□ **08** 昇格 (　　　)

□ **09** 栄辱 (　　　)

□ **10** 裸眼 (　　　)

合格点	得点
7/10	/10

これも
ねらわれる！

でる度 ★★★

読み

同音・同訓異字

漢字の識別

熟語の構成

部首

対義語・類義語

送り仮名

四字熟語

誤字訂正

書き取り

よく考えて
みよう！

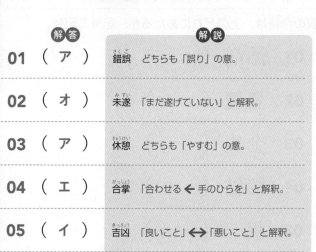

解答 / **解説**

01 （ ア ） 錯誤　どちらも「誤り」の意。

02 （ オ ） 未遂　「まだ遂げていない」と解釈。

03 （ ア ） 休憩　どちらも「やすむ」の意。

04 （ エ ） 合掌　「合わせる ← 手のひらを」と解釈。

05 （ イ ） 吉凶　「良いこと」↔「悪いこと」と解釈。

06 （ ウ ） 硬貨　「硬い → お金」と解釈。

07 （ ウ ） 既知　「既に → 知っている」と解釈。

08 （ エ ） 昇格　「上がる ← 格が」と解釈。

09 （ イ ） 栄辱　「栄誉」↔「恥辱」と解釈。

10 （ ウ ） 裸眼　「裸の（眼鏡などを使わない）→ 目」と解釈。

熟語の構成のしかたには次のようなものがある。

> ア 同じような意味の漢字を重ねたもの（**岩石**）
> イ 反対または対応の意味を表す字を重ねたもの（**高低**）
> ウ 上の字が下の字を修飾しているもの（**洋画**）
> エ 下の字が上の字の目的語・補語になっているもの（**着席**）
> オ 上の字が下の字の意味を打ち消しているもの（**非常**）

次の熟語は、上のどれにあたるか、記号で記せ。

□ **01** 添削 （　　　）

□ **02** 登壇 （　　　）

□ **03** 金塊 （　　　）

□ **04** 締結 （　　　）

□ **05** 択一 （　　　）

□ **06** 不沈 （　　　）

□ **07** 基礎 （　　　）

□ **08** 鶏舎 （　　　）

□ **09** 盛衰 （　　　）

□ **10** 減刑 （　　　）

よく考えて
みよう！

読み

同音・同訓異字

漢字の識別

熟語の構成

部首

対義語・類義語

送り仮名

四字熟語

誤字訂正

書き取り

解答　　**解説**

01 （ **イ** ）　添削　「添える」⟷「削る」と解釈。

02 （ **エ** ）　登壇　「登る ← 壇上に」と解釈。

03 （ **ウ** ）　金塊　「金の → 塊」と解釈。

04 （ **ア** ）　締結　どちらも「むすぶ」の意。

05 （ **エ** ）　択一　「えらぶ ← 一つを」と解釈。

06 （ **オ** ）　不沈　「沈まない」と解釈。

07 （ **ア** ）　基礎　どちらも「もと」の意。

08 （ **ウ** ）　鶏舎　「鶏の → 小屋」と解釈。

09 （ **イ** ）　盛衰　「盛んになる」⟷「衰える」と解釈。

10 （ **エ** ）　減刑　「減らす ← 刑を」と解釈。

熟語の構成のしかたには次のようなものがある。

ア 同じような意味の漢字を重ねたもの （**岩石**）
イ 反対または対応の意味を表す字を重ねたもの （**高低**）
ウ 上の字が下の字を修飾しているもの （**洋画**）
エ 下の字が上の字の目的語・補語になっているもの （**着席**）
オ 上の字が下の字の意味を打ち消しているもの （**非常**）

次の熟語は、上のどれにあたるか、記号で記せ。

□ **01** 不遇 （　　　）

□ **02** 聴講 （　　　）

□ **03** 変換 （　　　）

□ **04** 岐路 （　　　）

□ **05** 起伏 （　　　）

□ **06** 夢幻 （　　　）

□ **07** 恥辱 （　　　）

□ **08** 遵法 （　　　）

□ **09** 伸縮 （　　　）

□ **10** 陰謀 （　　　）

合格点	得点
7/10	/10

これも
ねらわれる！

でる度 ★★★

読み

同音・同訓異字

漢字の識別

熟語の構成

部首

対義語・類義語

送り仮名

四字熟語

誤字訂正

書き取り

よく考えて
みよう！

解答　　　　　　　　**解説**

01 （ **オ** ）　不遇　「ふさわしい境遇でない」と解釈。

02 （ **エ** ）　聴講　「聴く ← 講義を」と解釈。

03 （ **ア** ）　変換　どちらも「かわる」の意。

04 （ **ウ** ）　岐路　「分かれる → 道」と解釈。

05 （ **イ** ）　起伏　「盛り上がる」←→「低くなる」と解釈。

06 （ **ア** ）　夢幻　どちらも「まぼろし」の意。

07 （ **ア** ）　恥辱　どちらも「恥」の意。

08 （ **エ** ）　遵法　「守る ← 法を」と解釈。

09 （ **イ** ）　伸縮　「伸びる」←→「縮む」と解釈。

10 （ **ウ** ）　陰謀　「陰で → くわだてる」と解釈。

でる度 ★★★ 熟語の構成 ❺

熟語の構成のしかたには次のようなものがある。

> ア 同じような意味の漢字を重ねたもの（**岩石**）
> イ 反対または対応の意味を表す字を重ねたもの（**高低**）
> ウ 上の字が下の字を修飾しているもの（**洋画**）
> エ 下の字が上の字の目的語・補語になっているもの（**着席**）
> オ 上の字が下の字の意味を打ち消しているもの（**非常**）

次の熟語は、上のどれにあたるか、記号で記せ。

□ 01　悦楽　（　　　）

□ 02　稚魚　（　　　）

□ 03　養豚　（　　　）

□ 04　昇降　（　　　）

□ 05　摂取　（　　　）

□ 06　概観　（　　　）

□ 07　狩猟　（　　　）

□ 08　賞罰　（　　　）

□ 09　未完　（　　　）

□ 10　攻防　（　　　）

合格点　得点
7/10　　/10

これも
ねらわれる！

でる度
★★★
★★
★

読み

同音・同訓異字

漢字の識別

熟語の構成

部首

対義語・類義語

送り仮名

四字熟語

誤字訂正

書き取り

よく考えて
みよう！

解答	解説	
01 （ ア ）	悦楽	どちらも「楽しむ」の意。
02 （ ウ ）	稚魚	「幼い → 魚」と解釈。
03 （ エ ）	養豚	「飼育する ← 豚を」と解釈。
04 （ イ ）	昇降	「昇る」↔「降りる」と解釈。
05 （ ア ）	摂取	どちらも「とる」の意。
06 （ ウ ）	概観	「だいたいの → 様子」と解釈。
07 （ ア ）	狩猟	どちらも「狩る」の意。
08 （ イ ）	賞罰	「ほめる」↔「罰する」と解釈。
09 （ オ ）	未完	「まだ終わらない」と解釈。
10 （ イ ）	攻防	「攻める」↔「防ぐ」と解釈。

次の漢字の部首をア～エから一つ選び、記号を記せ。

□ 01 藩 (ア 艹 イ 氵 ウ 釆 エ 田) （　　）

□ 02 遭 (ア 艹 イ 口 ウ 曰 エ 辶) （　　）

□ 03 髪 (ア 髟 イ 彡 ウ 又 エ 長) （　　）

□ 04 卓 (ア ト イ 日 ウ 一 エ 十) （　　）

□ 05 啓 (ア 戸 イ 尸 ウ 攵 エ 口) （　　）

□ 06 塗 (ア 氵 イ 人 ウ 土 エ 示) （　　）

□ 07 審 (ア 宀 イ 𠂉 ウ 釆 エ 田) （　　）

□ 08 婆 (ア 氵 イ 皮 ウ 女 エ 又) （　　）

□ 09 尿 (ア 尸 イ 水 ウ ｜ エ 口) （　　）

□ 10 封 (ア 土 イ 寸 ウ 十 エ 一) （　　）

これも ねらわれる！

解答　　　**解説**

01 （　ア　）　くさかんむり
他例 華・菊・葬・芳・蒸

02 （　エ　）　しんにょう・しんにゅう
他例 遇・遵・遂・逮・遅

03 （　ア　）　かみがしら
他例 出題範囲では、髪のみ。

04 （　エ　）　じゅう
他例 卑・協・卒・博・南

05 （　エ　）　くち
他例 哀・吉・哲・吏・唐

06 （　ウ　）　つち
他例 塾・墜・墨・執・壁

07 （　ア　）　うかんむり
他例 宴・寂・寝・密・察

08 （　ウ　）　おんな
他例 威・姿・妻・委・女

09 （　ア　）　かばね・しかばね
他例 屈・尽・尾・層・局

10 （　イ　）　すん
他例 寿・尋・射・将・尊

読み
同音・同訓異字
漢字の識別
熟語の構成
部首
対義語・類義語
送り仮名
四字熟語
誤字訂正
書き取り

次の漢字の部首をア～エから一つ選び、記号を記せ。

□ 01 廊 （ア 广 イ 良 ウ 日 エ 阝） （　　　）

□ 02 遵 （ア ⻌ イ 一 ウ 酉 エ 寸） （　　　）

□ 03 我 （ア ノ イ 一 ウ 戈 エ 龶） （　　　）

□ 04 墜 （ア 阝 イ 豕 ウ 一 エ 土） （　　　）

□ 05 獄 （ア 犭 イ 言 ウ 口 エ 大） （　　　）

□ 06 籍 （ア 耒 イ ニ ウ ⺮ エ 日） （　　　）

□ 07 虚 （ア 广 イ 虍 ウ ト エ 一） （　　　）

□ 08 術 （ア 彳 イ 木 ウ ニ エ 行） （　　　）

□ 09 貫 （ア 口 イ 一 ウ 貝 エ 毋） （　　　）

□ 10 賊 （ア 貝 イ 目 ウ 戈 エ 十） （　　　）

解答　　**解説**

01 （ **ア** ）

まだれ
他例 廉・床・座・庁・序

02 （ **ア** ）

しんにょう・しんにゅう
他例 遇・遂・遭・逮・避

03 （ **ウ** ）

ほこづくり・ほこがまえ
他例 戒・戯・成・戦

04 （ **エ** ）

つち
他例 塾・塗・墨・堅・墓

05 （ **ア** ）

けものへん
他例 猟・獲・狭・狩・猛

06 （ **ウ** ）

たけかんむり
他例 篤・符・簿・箇・範

07 （ **イ** ）

とらがしら・とらかんむり
他例 出題範囲では、虚と虐のみ。

08 （ **エ** ）

ぎょうがまえ・ゆきがまえ
他例 出題範囲では、術と衝と衛と街の
み。注意 イ（ぎょうにんべん）ではない。

09 （ **ウ** ）

かい・こがい
他例 賢・貴・賃・賛・賀

10 （ **ア** ）

かいへん
他例 贈・販・賦・財・貯

読み

同音・同訓異字

漢字の識別

熟語の構成

部首

対義語・類義語

送り仮名

四字熟語

誤字訂正

書き取り

次の漢字の部首をア～エから一つ選び、記号を記せ。

□ 01 辱 (ア 辰 イ 厂 ウ 寸 エ 一) （　）

□ 02 閲 (ア 門 イ ハ ウ 口 エ 儿) （　）

□ 03 雇 (ア 戸 イ 一 ウ 隹 エ 尸) （　）

□ 04 魂 (ア 二 イ ム ウ 鬼 エ 儿) （　）

□ 05 伐 (ア イ イ 弋 ウ 戈 エ ノ) （　）

□ 06 免 (ア ノ イ 口 ウ 儿 エ し) （　）

□ 07 処 (ア ノ イ し ウ 几 エ 夂) （　）

□ 08 勘 (ア 目 イ 匚 ウ ハ エ 力) （　）

□ 09 婿 (ア 女 イ 止 ウ 疋 エ 月) （　）

□ 10 嘱 (ア 尸 イ 口 ウ 冂 エ 虫) （　）

解答　　　　　　　　解説

01 （ ア ）
しんのたつ
他例 出題範囲では、辱と農のみ。
注意 寸（すん）ではない。

02 （ ア ）
もんがまえ
他例 闘・閣・閉・関・開

03 （ ウ ）
ふるとり
他例 隻・雅・雌・雄・離

04 （ ウ ）
おに
他例 出題範囲では、魂と魔と鬼のみ。

05 （ ア ）
にんべん
他例 俊・債・催・促・倣
注意 戈（ほこづくり・ほこがまえ）ではない。

06 （ ウ ）
ひとあし・にんにょう
他例 克・党・児・兆・光

07 （ ウ ）
つくえ
他例 出題範囲では、処と凡のみ。

08 （ エ ）
ちから
他例 募・励・勧・劣・勤

09 （ ア ）
おんなへん
他例 嫁・娯・如・姫・妨

10 （ イ ）
くちへん
他例 喚・喫・叫・咲・吹

次の漢字の部首をア～エから一つ選び、記号を記せ。

□ 01 斗 (ア 一 イ 丨 ウ 十 エ 斗) （   ）

□ 02 掛 (ア 扌 イ 土 ウ 圭 エ 卜) （   ）

□ 03 斥 (ア 丿 イ 一 ウ 斤 エ 丶) （   ）

□ 04 賢 (ア 臣 イ 匚 ウ 又 エ 貝) （   ）

□ 05 概 (ア 木 イ 丨 ウ 艮 エ 旡) （   ）

□ 06 殊 (ア 歹 イ 夕 ウ 牛 エ 木) （   ）

□ 07 焦 (ア 隹 イ 丿 ウ 灬 エ 一) （   ）

□ 08 罰 (ア 罒 イ 言 ウ 口 エ 刂) （   ）

□ 09 骨 (ア 月 イ 冖 ウ 冂 エ 骨) （   ）

□ 10 袋 (ア イ イ 弋 ウ 㠯 エ 衣) （   ）

解答 **解説**

01 （ **エ** ） とます
他例 出題範囲では、斗と斜と料のみ。

02 （ **ア** ） てへん
他例 携・控・搾・撮・擁

03 （ **ウ** ） きん
他例 出題範囲では、斥と斤のみ。

04 （ **エ** ） かい・こがい
他例 貫・資・質・賞・貴

05 （ **ア** ） きへん
他例 棋・楼・朽・枯・桃

06 （ **ア** ） かばねへん・いちたへん・がつへん
他例 出題範囲では、殊と殖と残と死のみ。

07 （ **ウ** ） れんが・れっか
他例 為・煮・烈・熟・照

08 （ **ア** ） あみがしら・あみめ・よこめ
他例 出題範囲では、罰と署と罪と置のみ。

09 （ **エ** ） ほね
他例 出題範囲では、骨のみ。

10 （ **エ** ） ころも
他例 衰・裂・襲・裁・裏

読み

同音・同訓異字

漢字の識別

熟語の構成

部首

対義語・類義語

送り仮名

四字熟語

誤字訂正

書き取り

次の漢字の部首をア〜エから一つ選び、記号を記せ。

□ **01** 辞 （ア 舌 イ 立 ウ 辛 エ 十）（　　）

□ **02** 酵 （ア 酉 イ 土 ウ 耂 エ 子）（　　）

□ **03** 霊 （ア 一 イ 雨 ウ 二 エ 八）（　　）

□ **04** 鶏 （ア ノ イ ⺌ ウ 鳥 エ 灬）（　　）

□ **05** 乏 （ア ノ イ 丶 ウ 一 エ 乙）（　　）

□ **06** 削 （ア ⺌ イ 月 ウ 丨 エ 刂）（　　）

□ **07** 哲 （ア 扌 イ 斤 ウ 口 エ ノ）（　　）

□ **08** 塊 （ア 土 イ 田 ウ ム エ 鬼）（　　）

□ **09** 孔 （ア 子 イ 一 ウ 丨 エ し）（　　）

□ **10** 慈 （ア 八 イ 一 ウ 幺 エ 心）（　　）

解答 | 解説

01 (ウ)

からい
他例 出題範囲では、辞と辛のみ。
注意 舌（した）ではない。

02 (ア)

とりへん
他例 出題範囲では、酔と酔と酸と配のみ。

03 (イ)

あめかんむり
他例 零・需・震・霧・雷

04 (ウ)

とり
他例 出題範囲では、鶏と鳥と鳴のみ。

05 (ア)

の・はらいぼう
他例 出題範囲では、乏と久と乗のみ。

06 (エ)

りっとう
他例 刑・剣・剤・到・劇

07 (ウ)

くち
他例 哀・吉・啓・吏・善

08 (ア)

つちへん
他例 坑・壇・墳・埋・堤

09 (ア)

こへん
他例 出題範囲では、孔と孤と孫のみ。

10 (エ)

こころ
他例 慰・愚・憩・怠・憂

右の□の中のひらがなを一度だけ使って漢字に直し一字記入して、対義語・類義語を作れ。

対義語

□ 01 起床 ―（　　）寝

□ 02 進展 ―（　　）滞

□ 03 保守 ―（　　）新

□ 04 邪悪 ―（　　）良

□ 05 概略 ― 詳（　　）

類義語

□ 06 携帯 ― 所（　　）

□ 07 現職 ― 現（　　）

□ 08 平定 ― 鎮（　　）

□ 09 賢明 ―（　　）口

□ 10 我慢 ―（　　）抱

あ
つ
え
き
か
く
さ
い
じ
しゅう
しん
ぜん
てい
り

読み

同音・同訓異字

漢字の識別

熟語の構成

部首

対義語・類義語

送り仮名

四字熟語

誤字訂正

書き取り

解答

解説

01 （就）寝
きしょう
起床＝寝床から起き出すこと。
しゅうしん
就寝＝眠るために寝床に入ること。

02 （停）滞
しんてん
進展＝ある事柄が進行し、展開していくこと。
ていたい
停滞＝物事がはかどらないこと。

03 （革）新
ほしゅ
保守＝これまでのありようや伝統などを尊重すること。
かくしん
革新＝古いものを改めて新しくすること。

04 （善）良
じゃあく
邪悪＝心がねじけて悪いさま。
ぜんりょう
善良＝正直で素直なさま。

05 詳（細）
がいりゃく
概略＝物事の大まかな様子。
しょうさい
詳細＝詳しく細かなこと。
他例 概要－詳細　簡略－詳細

06 所（持）
けいたい
携帯＝身につけること。持ち歩くこと。
しょじ
所持＝持っていること。身につけていること。

07 現（役）
げんしょく
現職＝現在ついている職業。また、現在その職についていること。
げんえき
現役＝現在、ある社会で実際に活動していること。

08 鎮（圧）
へいてい
平定＝敵や賊を討ち平らげること。
ちんあつ
鎮圧＝反乱や暴動を武力でおさえること。

09 （利）口
けんめい
賢明＝賢くて道理に明るいこと。
りこう
利口＝頭がよいこと。賢いこと。

10 （辛）抱
がまん
我慢＝こらえしのぶこと。
しんぼう
辛抱＝つらいことをじっと耐えしのぶこと。

右の□の中のひらがなを一度だけ使って漢字に
直し一字記入して、対義語・類義語を作れ。

対義語

□ 01 抑制 ― 促（　　　）

□ 02 助長 ― 阻（　　　）

□ 03 模倣 ― 独（　　　）

□ 04 故意 ― 過（　　　）

□ 05 郊外 ―（　　　）心

類義語

□ 06 了解 ―（　　　）得

□ 07 幽閉 ― 監（　　　）

□ 08 未熟 ―（　　　）稚

□ 09 処罰 ― 制（　　　）

□ 10 手腕 ― 技（　　　）

い
がい
きん
さい
しん
そう
とっ
なっ
よう
りょう

これも
ねらわれる！

解答 / 解説

読み

同音・同訓異字

漢字の識別

熟語の構成

部首

対義語・類義語

送り仮名

四字熟語

誤字訂正

書き取り

01 促（進）

抑制＝勢いを抑え止めること。
促進＝物事が早く進むように仕向けること。

02 阻（害）

助長＝物事の成長に力を添えること。
阻害＝さまたげること。

03 独（創）

模倣＝まねること。
独創＝他人のまねでなく、独自な物をつくり出すこと。

04 過（失）

故意＝わざとすること。
過失＝不注意によるあやまち。

05 （都）心

郊外＝市街地の周辺地域。
都心＝都市の中心部。

06 （納）得

了解＝理解して認めること。
納得＝理解して受け入れること。
他例 得心－納得

07 監（禁）

幽閉＝ある場所に閉じこめること。
監禁＝ある場所に閉じこめて自由にさせないこと。

08 （幼）稚

未熟＝学業や技芸がまだ熟達していないさま。
幼稚＝考え方ややり方が劣っているさま。

09 制（裁）

処罰＝罰すること。
制裁＝規律に背いた者をこらしめること。

10 技（量）

手腕＝物事をてきぱきと処理する優れた腕前・能力。
技量＝物事を行ったり扱ったりする腕前。

右の□の中のひらがなを一度だけ使って漢字に直し一字記入して、対義語・類義語を作れ。

対義語

□ 01 乾燥 —（　　）潤

□ 02 繁栄 —（　　）微

□ 03 遠隔 — 近（　　）

□ 04 鎮静 — 興（　　）

□ 05 沈下 — 隆（　　）

類義語

□ 06 措置 —（　　）理

□ 07 形見 —（　　）品

□ 08 即刻 —（　　）速

□ 09 重荷 — 負（　　）

□ 10 通行 —（　　）来

い
おう
き
さっ
しつ
しょ
すい
せつ
たん
ふん

解答 　　　　　　　　　　　　　　解説

01 （湿）潤
しつ　じゅん

乾燥＝水分がなくなり、乾くこと。
湿潤＝水分が多く潤っていること。

02 （衰）微
すい　び

繁栄＝栄えて発展すること。
衰微＝おとろえ弱ること。

03 近（接）
きん　せつ

遠隔＝遠く離れていること。
近接＝ごく近くにあること。

04 興（奮）
こう　ふん

鎮静＝騒ぎや高ぶった気持ちがしずまり
落ち着くこと。
興奮＝刺激を受けて感情が高ぶること。

05 隆（起）
りゅう　き

沈下＝沈み下がること。
隆起＝高く盛り上がること。
他例 埋没－隆起

06 （処）理
しょ　り

措置＝始末がつくよう取り計らうこと。
処理＝物事を取りさばいて始末すること。

07 （遺）品
い　ひん

形見＝死んだ人や別れた人の残した物。
遺品＝死んだ人の残した物。

08 （早）速
さっ　そく

即刻＝その場ですぐ。直ちに。
早速＝すみやかに。すぐ。

09 負（担）
ふ　たん

重荷＝自分の力では持て余すような重い
仕事や責任。
負担＝過重な仕事や責任。

10 （往）来
おう　らい

通行＝通ること。
往来＝行ったり来たりすること。

読み

同音・同訓異字

漢字の識別

熟語の構成

部首

対義語・類義語

送り仮名

四字熟語

誤字訂正

書き取り

右の□の中のひらがなを一度だけ使って漢字に
直し一字記入して、対義語・類義語を作れ。

対義語

□ **01** 怠慢 ― 勤（　　）

□ **02** 浪費 ―（　　）約

□ **03** 粗略 ― 丁（　　）

□ **04** 過激 ― 穏（　　）

□ **05** 死亡 ―（　　）生

類義語

□ **06** 負債 ―（　　）金

□ **07** 完遂 ―（　　）成

□ **08** 根底 ―（　　）盤

□ **09** 欠乏 ― 不（　　）

□ **10** 名残 ―（　　）情

き
けん
しゃっ
せつ
そく
たっ
たん
ちょう
べん
よ

解答　解説

01 勤（勉）

怠慢=気を緩めて怠けること。
勤勉=力いっぱいに励むこと。

02 （節）約

浪費=むだ遣い。
節約=むだを省いて切り詰め抑えること。

03 丁（重）

粗略=投げやりでぞんざいなさま。
丁重=礼儀正しく心のこもっているさま。

04 穏（健）

過激=度を越して激しいさま。
穏健=考え方・言動などがかたよらず、
常識的であるさま。

05 （誕）生

死亡=死ぬこと。
誕生=人などが生まれること。
他例 死去-誕生

06 （借）金

負債=他から金銭を借りること。
借金=金銭を借りること。

07 （達）成

完遂=最後までやり遂げること。
達成=目標を成し遂げること。

08 （基）盤

根底=物事の大もと。
基盤=物事の土台となるもの。

09 不（足）

欠乏=必要なものが乏しくて足りないこと。
不足=足りないこと。

10 （余）情

名残=物事の過ぎ去った後、それを思わ
せる気分・気配などの残っていること。
余情=後まで心に残る雰囲気。

読み

同音・同訓異字

漢字の識別

熟語の構成

部首

対義語・類義語

送り仮名

四字熟語

誤字訂正

書き取り

右の□の中のひらがなを一度だけ使って漢字に
直し一字記入して、対義語・類義語を作れ。

対義語

□ 01 公開 — 秘（　　）

□ 02 地獄 —（　　）楽

□ 03 辛勝 — 惜（　　）

□ 04 虚像 —（　　）像

□ 05 削除 — 添（　　）

類義語

□ 06 債務 —（　　）債

□ 07 屈服 — 降（　　）

□ 08 外見 — 体（　　）

□ 09 強硬 — 強（　　）

□ 10 警護 — 護（　　）

いん
えい
か
ご
さい
さん
じっ
とく
はい
ふ

合格点	得点
7/10	/10

これも
ねらわれる！

でる度 ★★★
★★
★

解答 / **解説**

読み

同音・同訓異字

漢字の識別

熟語の構成

部首

対義語・類義語

送り仮名

四字熟語

誤字訂正

書き取り

01 秘（匿）

公開＝広く一般の人に入場・出席などを許すこと。
秘匿＝隠して人に見せたり知らせたりしないこと。

02 （極）楽

地獄＝生前に罪を犯した者が、死後に責め苦を受けるところ。
極楽＝仏のいる安楽な世界。

03 惜（敗）

辛勝＝かろうじて勝つこと。
惜敗＝惜しくも負けること。

04 （実）像

虚像＝実態とは異なる、見せかけの姿。
実像＝実際の姿。

05 添（加）

削除＝取り去ること。
添加＝あるものに何かを付け加えること。

06 （負）債

債務＝借金を返すべき義務。
負債＝他から借金すること。
他例 借金－負債

07 降（参）

屈服＝強い力に屈して服従すること。
降参＝戦いに負けて相手に服従すること。
他例 屈伏－降参

08 体（裁）

外見＝外部から見た様子。
体裁＝外から見た物の形・ありさま。

09 強（引）

強硬＝強く主張してゆずらないこと。
強引＝物事を無理やり行うさま。

10 護（衛）

警護＝警戒して守ること。
護衛＝付き従って安全を守ること。

右の□の中のひらがなを一度だけ使って漢字に直し一字記入して、対義語・類義語を作れ。

対義語

□ 01 抽象 ―（　　）体

□ 02 自供 ― 黙（　　）

□ 03 偶然 ―（　　）然

□ 04 架空 ― 実（　　）

□ 05 師匠 ―（　　）子

類義語

□ 06 利口 ―（　　）明

□ 07 前途 ―（　　）来

□ 08 計算 ― 勘（　　）

□ 09 永遠 ― 恒（　　）

□ 10 傍観 ― 座（　　）

きゅう
ぐ
けん
ざい
しょう
じょう
でひ
ひつ

読み

同音・同訓異字

漢字の識別

熟語の構成

部首

対義語・類義語

送り仮名

四字熟語

誤字訂正

書き取り

合格点 | 得点
7/10 | /10

これも
ねらわれる！

でる度 ★★★
★★
★

解答 / 解説

01 （具）体

抽象＝個個の事物から一つの概念を作り
上げること。
具体＝形を備えていること。

02 黙（秘）

自供＝自分の罪を申し出ること。
黙秘＝黙って何も言わないこと。

03 （必）然

偶然＝そうなる因果関係もなく思いがけ
ないこと。
必然＝そうならざるを得ないこと。

04 実（在）

架空＝事実でなく、想像で作り出すこと。
実在＝実際に存在すること。

05 （弟）子

師匠＝学問・技芸・芸能などを教える人。
先生。
弟子＝師から教えを受ける人。

06 （賢）明

利口＝頭のよいさま。
賢明＝かしこくて道理に明るいこと。

07 （将）来

前途＝これから先の行程。
将来＝これから先。

08 勘（定）

計算＝物の数や量をはかり数えること。
勘定＝金銭や数を数えること。

09 恒（久）

永遠＝時の長く果てしないこと。
恒久＝いつまでも変わらずに続くこと。

10 座（視）

傍観＝ただ成り行きを見ていること。
座視＝座って見ているだけでかかわろう
としないこと。

右の の中のひらがなを一度だけ使って漢字に直し一字記入して、対義語・類義語を作れ。

対義語

□ 01 追加 — 削（　　　）

□ 02 辞退 — 承（　　　）

□ 03 孤立 — （　　　）帯

□ 04 非難 — 賞（　　　）

□ 05 短縮 — （　　　）長

類義語

□ 06 飽食 — 満（　　　）

□ 07 関与 — （　　　）入

□ 08 音信 — 消（　　　）

□ 09 華美 — （　　　）手

□ 10 冷淡 — 薄（　　　）

えん
かい
げん
さん
じょう
そく
だく
は
ぷく
れん

	解答	解説
01	削（減） _{さく げん}	追加＝後から増やすこと。 削減＝無駄や余分をはぶいて、少なくすること。
02	承（諾） _{しょう だく}	辞退＝断って身を引くこと。 承諾＝了解して聞き入れること。
03	（連）帯 _{れん たい}	孤立＝助けがなく一人でいること。 連帯＝二人以上で協力し合って事に当たること。
04	賞（賛） _{しょう さん}	非難＝欠点や過失などを責めとがめること。 賞賛＝ほめたたえること。 [他例] 悪ロ→賞賛
05	（延）長 _{えん ちょう}	短縮＝短くすること。縮めること。 延長＝時間や長さをのばすこと。
06	満（腹） _{まん ぷく}	飽食＝あきるほど十分に食べること。 満腹＝腹がいっぱいになること。
07	（介）入 _{かい にゅう}	関与＝携わること。 介入＝直接には関係のない者が割り込むこと。
08	消（息） _{しょう そく}	音信＝電話や手紙による知らせ。 消息＝連絡。便り。手紙。
09	（派）手 _{は で}	華美＝華やかで美しいさま。 派手＝華やかで人目を引く様子。
10	薄（情） _{はく じょう}	冷淡＝心の冷たいこと。 薄情＝義理・人情に薄いこと。

読み

同音・同訓異字

漢字の識別

熟語の構成

部首

対義語・類義語

送り仮名

四字熟語

誤字訂正

書き取り

次の――線のカタカナを漢字一字と送り仮名（ひらがな）に直せ。

□ **01** 荷物をひもで固く**ユワエル**。　（　　　）

□ **02** **イチジルシク**公平さを欠く。　（　　　）

□ **03** 父には**サカラワ**ない方がいい。（　　　）

□ **04** 両親の恩に**ムクイル**。　　　　（　　　）

□ **05** **タダチニ**取りかかる。　　　　（　　　）

□ **06** 注意を**オコタル**と事故につながる。（　　　）

□ **07** この数値は**ウタガワシク**思える。（　　　）

□ **08** **サカエ**あれと心の中で祈る。　（　　　）

□ **09** **ヤスラカナ**余生を送る。　　　（　　　）

□ **10** 落ち葉が道路を**オオウ**。　　　（　　　）

174

合格点
7/10

得点
/10

これも
ねらわれる！

でる度 ★★★
★★
★

解答	解説
01 (結わえる)	結ぶ。しばる。
02 (著しく)	目立つ。程度がはなはだしい。 他例 著す
03 (逆らわ)	相手の注意・命令などに従わない。
04 (報いる)	受けた恩に対し、それにふさわしいお返しをする。
05 (直ちに)	時間をおかずに。すぐに。
06 (怠る)	すべきことをしないでおく。
07 (疑わしく)	本当かどうかあやしく思うさま。
08 (栄え)	勢いが盛んになること。繁栄。
09 (安らかな)	平和で穏やかなさま。
10 (覆う)	あるものが一面に広がりかぶさって隠す。

読み

同音・同訓異字

漢字の識別

熟語の構成

部首

対義語・類義語

送り仮名

四字熟語

誤字訂正

書き取り

次の──線のカタカナを漢字一字と送り仮名（ひらがな）に直せ。

□ 01 厳正な態度で部下に<u>ノゾム</u>。 （　　　　）

□ 02 先輩からの苦言を<u>コヤシ</u>とする。（　　　　）

□ 03 ご飯をよく<u>ムラシ</u>て食べる。 （　　　　）

□ 04 説明会を<u>モウケ</u>て希望者を募る。（　　　　）

□ 05 座席が観客で<u>ウマル</u>。 （　　　　）

□ 06 谷川を流れる水は<u>キヨラカダ</u>。 （　　　　）

□ 07 新たな<u>ココロミ</u>に着手する。 （　　　　）

□ 08 アリが樹液に<u>ムラガッ</u>てくる。 （　　　　）

□ 09 悪の根を<u>タヤス</u>。 （　　　　）

□ 10 受験生を明るい言葉で<u>ハゲマス</u>。（　　　　）

解答 / 解説

01 (臨む) 　面する。目の前にする。統治者・支配者として人々に対する。

02 (肥やし) 　その人の人間的成長や能力を豊かにする役に立つもの。

03 (蒸らし) 　熱や蒸気を十分に通して物をやわらかくする。

04 (設け) 　ある目的のためにこしらえる。

05 (埋まる) 　あいている場所が人や物でいっぱいになる。

06 (清らかだ) 　けがれがなくきれいなさま。

07 (試み) 　試してみること。実際にやってみること。

08 (群がっ) 　一か所に多く集まる。

09 (絶やす) 　続いていたものを続かないようにする。

10 (励ます) 　気持ちが奮いたつようにしてやる。元気づける。

次の四字熟語の（　）のカタカナを漢字に直し、二字記せ。

□ 01　前途（ユウボウ　　）

□ 02　（　キキ　　）一髪

□ 03　（　メイワク　　）千万

□ 04　（　キショク　　）満面

□ 05　千変（バンカ　　）

□ 06　馬耳（トウフウ　　）

□ 07　（　イキ　　）揚揚

□ 08　（　ホンマツ　　）転倒

□ 09　大同（ショウイ　　）

□ 10　優柔（フダン　　）

解答 | 解説

読み

同音・同訓異字

漢字の識別

熟語の構成

部首

対義語・類義語

送り仮名

四字熟語

誤字訂正

書き取り

01 前途 (有望)
ぜんと ゆうぼう

将来大いに望みのあること。
[他例]「前途」が出題されることもある。

02 (危機) 一髪
きき いっぱつ

非常に危ないせとぎわ。

03 (迷惑) 千万
めいわく せんばん

大変にめいわくなさま。

04 (喜色) 満面
きしょく まんめん

喜びの気持ちを顔全体に表すこと。
[他例]「満面」が出題されることもある。

05 千変 (万化)
せんぺん ばんか

さまざまに変わること。
[他例]「千変」が出題されることもある。

06 馬耳 (東風)
ばじ とうふう

他人の意見や批評を気にせず聞き流すこと。
[他例]「馬耳」が出題されることもある。

07 (意気) 揚揚
いき ようよう

得意なさま。

08 (本末) 転倒
ほんまつ てんとう

大事なこととそうでないこととを取り違えること。

09 大同 (小異)
だいどう しょうい

細かい点は異なるがだいたい同じであること。大差がないこと。

10 優柔 (不断)
ゆうじゅう ふだん

ぐずぐずして決断力に乏しいさま。

次の四字熟語の( )のカタカナを漢字に直し、二字記せ。

□ 01 熟慮（ ^{ダンコウ} ）

□ 02 （ ^{コウシ} ）混同

□ 03 （ ^{ギョクセキ} ）混交

□ 04 （ ^{リュウゲン} ）飛語

□ 05 （ ^{ニッシン} ）月歩

□ 06 大器（ ^{バンセイ} ）

□ 07 （ ^{センキャク} ）万来

□ 08 （ ^{ジボウ} ）自棄

□ 09 （ ^{セイサツ} ）与奪

□ 10 （ ^{ムミ} ）乾燥

これも
ねらわれる！

解答　　　　　解説

01 熟慮（ 断行 ）

十分に考えた上で実行すること。

---

02 （ 公私 ）混同

公的なことと私的なこととを区別せず、同一のものとして扱うこと。
他例「混同」が出題されることもある。

---

03 （ 玉石 ）混交

優れたものと劣ったものとが入り混じっていること。
他例「混交」が出題されることもある。

---

04 （ 流言 ）飛語

根拠のないうわさ。デマ。
他例「飛語」が出題されることもある。

---

05 （ 日進 ）月歩

絶えず、どんどん進歩すること。
他例「月歩」が出題されることもある。

---

06 大器（ 晩成 ）

大人物は普通の人より遅れて大成すること。
他例「大器」が出題されることもある。

---

07 （ 千客 ）万来

多くの客がひっきりなしに来ること。
他例「万来」が出題されることもある。

---

08 （ 自暴 ）自棄

思いどおりにいかず、やけになること。

---

09 （ 生殺 ）与奪

相手を生かすも殺すも、与えるも奪うも、自分の思うままにすること。

---

10 （ 無味 ）乾燥

なんのおもしろみも潤いもないこと。

読み

同音・同訓異字

漢字の識別

熟語の構成

部首

対義語・類義語

送り仮名

四字熟語

誤字訂正

書き取り

次の四字熟語の（ ）のカタカナを漢字に直し、二字記せ。

□ 01 （ デンコウ ）石火

□ 02 炉辺（ ダンワ ）

□ 03 日常（ サハン ）

□ 04 （ シンキ ）一転

□ 05 奮励（ ドリョク ）

□ 06 （ キョウ ）貧乏

□ 07 同工（ イキョク ）

□ 08 （ コック ）勉励

□ 09 二束（ サンモン ）

□ 10 （ フロウ ）長寿

解答

解説

01 (電光) 石火
でんこう せっか
行動が非常に素早いこと。

02 炉辺 (談話)
ろへん だんわ
炉端などでする打ち解けた話。

03 日常 (茶飯)
にちじょう さはん
ごく平凡なありふれたこと。

04 (心機) 一転
しんき いってん
何かをきっかけに気持ちが良い方へ変わること。

05 奮励 (努力)
ふんれい どりょく
元気を出して一心に努め励むこと。

06 (器用) 貧乏
きよう びんぼう
何事も普通以上にできるため、かえって一つの専門では大成しないこと。

07 同工 (異曲)
どうこう いきょく
見かけは違うようでも中身が同じこと。

08 (刻苦) 勉励
こっく べんれい
心身を苦しめるほど努力を重ねること。

09 二束 (三文)
にそく さんもん
極めて値打ちが低いこと。

10 (不老) 長寿
ふろう ちょうじゅ
いつまでも年をとらないで長生きすること。

次の四字熟語の（　）のカタカナを漢字に直し、二字記せ。

□ **01** 笑止（^{センバン}　　）

□ **02** （^{ソウイ}　　）工夫

□ **03** （^{ハガン}　　）一笑

□ **04** （^{リッシン}　　）出世

□ **05** 油断（^{タイテキ}　　）

□ **06** （^{シュウジン}　　）環視

□ **07** （^{イッキョ}　　）両得

□ **08** 天変（^{チイ}　　）

□ **09** （^{ジュウオウ}　　）無尽

□ **10** 新陳（^{タイシャ}　　）

読み

同音・同訓異字

漢字の識別

熟語の構成

部首

対義語・類義語

送り仮名

四字熟語

誤字訂正

書き取り

解答

解説

01 笑止（千万）
しょうし せんばん

ひどくこっけいでばかばかしいさま。
他例「笑止」が出題されることもある。

02 （創意）工夫
そう い く ふう

新しいものを考え出して工夫すること。
他例「工夫」が出題されることもある。

03 （破顔）一笑
は がん いっしょう

顔をほころばせてにっこり笑うこと。
他例「一笑」が出題されることもある。

04 （立身）出世
りっしん しゅっ せ

高い地位につき世間に名をあげること。
他例「出世」が出題されることもある。

05 油断（大敵）
ゆ だん たいてき

注意を怠るのは失敗のもとになるから、
十分に注意せよという戒め。
他例「油断」が出題されることもある。

06 （衆人）環視
しゅうじん かん し

大勢の人が取り囲んで見ていること。

07 （一挙）両得
いっきょ りょうとく

一つのことをして同時に二つの利益を得
ること。
他例「両得」が出題されることもある。

08 天変（地異）
てんぺん ち い

天地間に起こる自然の異変。地震・暴風
雨など。

09 （縦横）無尽
じゅうおう む じん

自由自在であること。思う存分。

10 新陳（代謝）
しんちん たいしゃ

古いものが新しいものと入れかわること。

次の四字熟語の（　）のカタカナを漢字に直し、二字記せ。

□ 01 四分（ ^{ゴレツ} ）

□ 02 旧態（ ^{イゼン} ）

□ 03 （ ^{エイコ} ）盛衰

□ 04 喜怒（ ^{アイラク} ）

□ 05 （ ^{コグン} ）奮闘

□ 06 名論（ ^{タクセツ} ）

□ 07 （ ^{サンシ} ）水明

□ 08 悪逆（ ^{ムドウ} ）

□ 09 （ ^{スイセイ} ）夢死

□ 10 千載（ ^{イチグウ} ）

解答　　　　　　　**解説**

読み

同音・同訓異字

漢字の識別

熟語の構成

部首

対義語・類義語

送り仮名

四字熟語

誤字訂正

書き取り

01 四分（五裂）
しぶん（ごれつ）

ばらばらに分かれること。統一を失ってちりぢりになること。

02 旧態（依然）
きゅうたい（いぜん）

昔のままで進歩・発展のないさま。

03 （栄枯）盛衰
（えいこ）せいすい

人・国・家などが栄えたり衰えたりすること。

04 喜怒（哀楽）
きど（あいらく）

人間のさまざまな感情。

05 （孤軍）奮闘
（こぐん）ふんとう

助けてくれる者もなく、ただ一人で戦ったり努力したりすること。

06 名論（卓説）
めいろん（たくせつ）

見識の高い立派な議論や意見のこと。

07 （山紫）水明
（さんし）すいめい

自然の風景の美しいこと。

08 悪逆（無道）
あくぎゃく（むどう）

人の道にはずれた、はなはだしい悪事。

09 （酔生）夢死
（すいせい）むし

何もせず、むだに一生を過ごすこと。

10 千載（一遇）
せんざい（いちぐう）

千年に一度しかめぐりあえないほどまれなこと。

次の各文にまちがって使われている同じ読みの漢字が一字ある。左に誤字を、右に正しい漢字を記せ。

□ 01 来年、この地域でも国際的な交流を図る親善試合が改催される予定だ。

誤（　）⇒ 正（　）

□ 02 緊急車両の駐車や交通の便を図るため、道路を隔張する計画がある。

誤（　）⇒ 正（　）

□ 03 財政赤字が真刻になり大量の国債が発行されたが、効果はなかった。

誤（　）⇒ 正（　）

□ 04 自然環境に配慮し、樹木のむやみな伐裁をやめて森林の保護に尽力する。

誤（　）⇒ 正（　）

□ 05 政府は各種優遇税制や港湾整備を行って、海外からの企業誘致を促針する。

誤（　）⇒ 正（　）

□ 06 残念ながら実力を十分に発輝できないまま今年の大会は閉幕した。

誤（　）⇒ 正（　）

□ 07 一部の経済専門家は規制緩和による需要の増加を高く表価している。

誤（　）⇒ 正（　）

□ 08 システムの故傷は誤入力という人為的なミスによるものだったと、新聞各紙は報道した。

誤（　）⇒ 正（　）

解答

解説

	誤	正	
01	(改)	⇒ (開)	開催＝集会や催し物を開き行うこと。
02	(隔)	⇒ (拡)	拡張＝範囲や勢力・規模などを広げて大きくすること。
03	(真)	⇒ (深)	深刻＝事態がさし迫って重大なさま。
04	(裁)	⇒ (採)	伐採＝樹木などを切り出すこと。
05	(針)	⇒ (進)	促進＝滞りなく進むように仕向けること。
06	(輝)	⇒ (揮)	発揮＝持っている能力を十分に示すこと。
07	(表)	⇒ (評)	評価＝物事の価値を認めること。
08	(傷)	⇒ (障)	故障＝機能に異常をきたすこと。

読み

同音・同訓異字

漢字の識別

熟語の構成

部首

対義語・類義語

送り仮名

四字熟語

誤字訂正

書き取り

次の各文にまちがって使われている同じ読みの漢字が一字ある。左に誤字を、右に正しい漢字を記せ。

□ **01** 気候が温暖になり、各地で観行する人の姿が目立つ。

誤（ 　 ）⇒ 正（ 　 ）

□ **02** 危険な害虫を駆徐するため、専門の業者に依頼した。

誤（ 　 ）⇒ 正（ 　 ）

□ **03** 公平な負端を名目に増税を断行した政府に対し、野党は厳しく追及した。

誤（ 　 ）⇒ 正（ 　 ）

□ **04** 綿密な準備を行い資料をととのえて、重要な案件を話し合う会議に望む。

誤（ 　 ）⇒ 正（ 　 ）

□ **05** 自転車通勤は経財的である上に環境や健康にも良い影響を与える。

誤（ 　 ）⇒ 正（ 　 ）

□ **06** 彼女は田舎の生活にも成れて地域の交流会に自ら進んで参加している。

誤（ 　 ）⇒ 正（ 　 ）

□ **07** 内戦が続く国境付近に軍隊を配備したことにより、緊調が高まっている。

誤（ 　 ）⇒ 正（ 　 ）

□ **08** 荒天のため予約していた帰国便が運航中止となり、数日滞在を伸ばす。

誤（ 　 ）⇒ 正（ 　 ）

解答

解説

読み

同音・同訓異字

漢字の識別

熟語の構成

部首

対義語・類義語

送り仮名

四字熟語

誤字訂正

書き取り

	誤		正	
01	（ 行 ）	⇒	（ 光 ）	

観光＝他の国や地方の風景・史跡・風物
などを見物すること。

02	（ 徐 ）	⇒	（ 除 ）

駆除＝害を与えるものを追い払うこと。

03	（ 端 ）	⇒	（ 担 ）

負担＝義務・仕事などを身に引き受ける
こと。また、その義務・仕事など。

04	（ 望 ）	⇒	（ 臨 ）

臨む＝ある場所に出る。直面する。
注意 望む＝そうなって欲しいと願う。

05	（ 財 ）	⇒	（ 済 ）

経済的＝費用や手間がかからないさま。

06	（ 成 ）	⇒	（ 慣 ）

慣れる＝ずっとその状態にあり、特別な
こととも感じなくなる。

07	（ 調 ）	⇒	（ 張 ）

緊張＝両者の関係が悪くなり、今にも争
いが起こりそうな状態であること。

08	（ 伸 ）	⇒	（ 延 ）

延ばす＝日時を遅らせる。

次の各文にまちがって使われている同じ読みの漢字が一字ある。左に誤字を、右に正しい漢字を記せ。

□ **01** 需要の高まりに応じて人員を配置して巧率的に生産性を上げる。

誤（　　）⇒ 正（　　）

□ **02** 外国からの労働者を短期で個用する際に必要な手続きを確認する。

誤（　　）⇒ 正（　　）

□ **03** 再開発を議論する会には他彩な顔ぶれが集まって意見が交わされた。

誤（　　）⇒ 正（　　）

□ **04** 厳正な審査の結果、世界で大反響を呼んだ二作品が賞の降補に残る。

誤（　　）⇒ 正（　　）

□ **05** 最も発展が期待される生命科学の先駆者として偉大な業積を残す。

誤（　　）⇒ 正（　　）

□ **06** 次の総選挙では社会副祉の向上と減税を党のスローガンにする。

誤（　　）⇒ 正（　　）

□ **07** 雨で試合がたびたび中段され、選手・応援団ともに疲労してしまった。

誤（　　）⇒ 正（　　）

□ **08** 流星を観促するために、望遠鏡をかついで深夜に丘の上を目指した。

誤（　　）⇒ 正（　　）

これも
ねらわれる！

でる度 ★★★
★★
★

読み

同音・同訓異字

漢字の識別

熟語の構成

部首

対義語・類義語

送り仮名

四字熟語

誤字訂正

書き取り

解答

解説

誤 正
01（ 巧 ）⇒（ 効 ）
効率的＝得られた成果に対して費やした労力が少ない様子。

02（ 個 ）⇒（ 雇 ）
雇用＝人をやとい入れること。

03（ 他 ）⇒（ 多 ）
多彩＝種類が豊富で華やかなさま。

04（ 降 ）⇒（ 候 ）
候補＝ある地位や資格を得るのにふさわしいと、選択の対象となっていること。

05（ 積 ）⇒（ 績 ）
業績＝事業や研究の成果。

06（ 副 ）⇒（ 福 ）
福祉＝幸福。特に、社会に生きる人々の生活上の幸福。

07（ 段 ）⇒（ 断 ）
中断＝続いているものが途中で切れること。

08（ 促 ）⇒（ 測 ）
観測＝天体・気象など、自然現象の変化を観察し測定すること。

次の各文にまちがって使われている同じ読みの漢字が一字ある。左に誤字を、右に正しい漢字を記せ。

□ **01** 順調かと思われた計画が、予期せぬ混難に直面する。

誤（　　）⇒ 正（　　）

□ **02** 新管理システムの働入に伴う変更及び注意事項を箇条書きにする。

誤（　　）⇒ 正（　　）

□ **03** 妹は国家試験に受かって希望の薬剤師の資格を手得し、大喜びだ。

誤（　　）⇒ 正（　　）

□ **04** 区では路上や施設など公協の場での喫煙に対して厳しい罰則を定めた。

誤（　　）⇒ 正（　　）

□ **05** 盛大に催される年中行事に伴い、主容な建造物が集まる区域を警備する。

誤（　　）⇒ 正（　　）

□ **06** 幹線道路の大規模な舗修工事に来年から着手することを議会で決定した。

誤（　　）⇒ 正（　　）

□ **07** 豊かな漁場に恵まれた海域では毎年よく越えて脂の乗った魚が揚がる。

誤（　　）⇒ 正（　　）

□ **08** 人間に類似した想像以上に整巧なロボットが公開されて皆が驚嘆した。

誤（　　）⇒ 正（　　）

解答　　解説

01 誤（混）⇒ 正（困）

困難＝物事をするのが非常にむずかしいこと。

02 （働）⇒（導）

導入＝導き入れること。

03 （手）⇒（取）

取得＝手に入れること。

04 （協）⇒（共）

公共＝社会一般。おおやけ。

05 （容）⇒（要）

主要＝いろいろある中で特に大切なこと。

06 （舗）⇒（補）

補修＝足りないところを補ったり、壊れたところを修理したりすること。

07 （越）⇒（肥）

肥える＝太る。

08 （整）⇒（精）

精巧＝つくりや細工などが細かく、巧みにできていること。

読み

同音・同訓異字

漢字の識別

熟語の構成

部首

対義語・類義語

送り仮名

四字熟語

誤字訂正

書き取り

次の——線のカタカナを漢字に直せ。

□ **01** **カイマク**のベルが鳴る。　　　　（　　　）

□ **02** **シンゼン**大使に選ばれ渡仏する。（　　　）

□ **03** 新しい環境に**ジュンノウ**する。　（　　　）

□ **04** 先週**ニュウセキ**しました。　　　（　　　）

□ **05** 専門分野の第一人者と**ジフ**する。（　　　）

□ **06** レーヨンは水にぬれると**チヂ**む。（　　　）

□ **07** 皿に果物を**モ**る。　　　　　　　（　　　）

□ **08** 納豆には**ネバ**り気がある。　　　（　　　）

□ **09** 一代にして巨万の**トミ**を築く。　（　　　）

□ **10** **カタヤブ**りな行動に驚く。　　　（　　　）

	解答		解説
01	(開幕)		演劇や映画などが始まること。物事が始まること。 他例 幕切れ・序幕
02	(親善)		国や団体が互いに理解を深め、仲良くして友好を深めること。 他例 善戦・最善・善処
03	(順応)		その時の事情・環境などに合うように存在したり行動したりすること。
04	(入籍)		戸籍に入ること。 他例 書籍・在籍・国籍・本籍
05	(自負)		自分で自分の才能や能力に自信を持ち、誇りにすること。
06	(縮)		小さくなる。
07	(盛)		器にたくさんの物を入れる。
08	(粘)		ねばねばすること。
09	(富)		豊かな財産・財貨。
10	(型破)		従来のやり方にとらわれず、独創的なさま。

読み

同音・同訓異字

漢字の識別

熟語の構成

部首

対義語・類義語

送り仮名

四字熟語

誤字訂正

書き取り

次の――線のカタカナを漢字に直せ。

□ **01** ギャッキョウにめげず努力する。（　　　）

□ **02** 父のメンモクはまるつぶれだ。（　　　）

□ **03** 医療費のフタンを軽減する。（　　　）

□ **04** ヨウチ園に入れる。（　　　）

□ **05** 組合にカメイする。（　　　）

□ **06** 子どものオい立ちを見届ける。（　　　）

□ **07** ごみ置き場にカラスがムラがる。（　　　）

□ **08** 船のホを下ろした。（　　　）

□ **09** 深夜までの労働をシいる。（　　　）

□ **10** そっとチカヨると気が付かない。（　　　）

合格点	得点
7/10	/10

これも
ねらわれる！

でる度 ★★★
★★★
★

読み

同音・同訓異字

漢字の識別

熟語の構成

部首

対義語・類義語

送り仮名

四字熟語

誤字訂正

書き取り

解答 ・ 解説

01 (逆境) 思いどおりにいかず、苦労の多い状況。不運なめぐり合わせ。

02 (面目) 世間に対する名誉・体裁。
注意 「めんぼく」とも読む。

03 (負担) 義務・仕事などを身に引き受けること。また、その義務・仕事など。

04 (幼稚) こどもであること。
他例 稚魚

05 (加盟) 団体・組織に一員として加わること。
他例 同盟

06 (生) 生い立ち＝成長すること。

07 (群) 一か所に多く集まる。

08 (帆) 船の柱に張り、風を受けて船を進める布。

09 (強) 無理にやらせる。

10 (近寄) 近くに行く。接近する。

次の──線のカタカナを漢字に直せ。

□ **01** 全員を整列させて**テンコ**をとる。（　　　　）

□ **02** 安眠のため防音**ソウチ**をつける。（　　　　）

□ **03** 日本を**ジュウダン**する旅に出る。（　　　　）

□ **04** **リンジョウカン**のある映像。　　（　　　　）

□ **05** ネロはローマ**コウテイ**だ。　　　（　　　　）

□ **06** 受け継いだ技術を息子に**サズ**ける。（　　　　）

□ **07** 織**ヒメ**は七夕の日にひこ星と出会う。（　　　　）

□ **08** 到着後**スミ**やかに行動する。　　（　　　　）

□ **09** 栄養ドリンクで鉄分を**オギナ**う。（　　　　）

□ **10** そっくりだが他人の**ソラニ**だ。　（　　　　）

01 (点呼)
一人一人名前を呼んで、そろっているかどうか確かめること。
他例 呼応・連呼・呼吸

02 (装置)
機械・道具などを備えつけること。また、その仕掛け。
他例 包装・軽装

03 (縦断)
南北に通り抜けること。
他例 操縦・縦横・縦覧

04 (臨場感)
まるでその場にいて見聞きしているような感じ。
他例 臨時・臨終・君臨

05 (皇帝)
君主の称号の一つ。
他例 帝王・帝国・女帝

06 (授)
教えて伝える。

07 (姫)
こと座の星ベガの別称（織女星）のこと。
他例 舞姫・姫君

08 (速)
素早いさま。たちまち。

09 (補)
足りないもの、欠けたところを満たす。

10 (空似)
他人の空似＝血のつながりもないのに、顔や姿がよく似ていること。

読み

同音・同訓異字

漢字の識別

熟語の構成

部首

対義語・類義語

送り仮名

四字熟語

誤字訂正

書き取り

次の──線のカタカナを漢字に直せ。

□ **01** **サイフ**から金を出す。　　　（　　　　）

□ **02** **セツビ**の整った学校。　　　（　　　　）

□ **03** 手足に**レッショウ**を負う。　　（　　　　）

□ **04** 身の**ケッパク**が証明された。　（　　　　）

□ **05** 余りにも**アンイ**なやり方だ。　（　　　　）

□ **06** **ユエ**のない非難をあびる。　　（　　　　）

□ **07** 春は**ナエ**植えの季節だ。　　　（　　　　）

□ **08** 今日は**ユウヤ**けがきれいだ。　（　　　　）

□ **09** 提案に対して異議を**トナ**える。（　　　　）

□ **10** 子どもの**スコ**やかな成長を願う。（　　　　）

読み

同音・同訓異字

漢字の識別

熟語の構成

部首

対義語・類義語

送り仮名

四字熟語

誤字訂正

書き取り

これも
ねらわれる！

でる度 ★★★
★★
★

	解答	解説
01	（ 財布 ）	お金を入れて持ち歩く、布や革などで作った小さな袋。金入れ。
02	（ 設備 ）	必要な道具・機械・建物などを備えつけること。また、備えつけたもの。
03	（ 裂傷 ）	皮膚などがさけてできる傷。 他例 爆裂・破裂
04	（ 潔白 ）	心や行いにやましいところがないこと。
05	（ 安易 ）	たやすくできるさま。
06	（ 故 ）	理由。わけ。事情。
07	（ 苗 ）	種から芽が出て間もない草木。
08	（ 夕焼 ）	日が沈むころに西の空が赤く見える現象。
09	（ 唱 ）	主張する。
10	（ 健 ）	健康で元気なさま。

次の──線のカタカナを漢字に直せ。

□ **01** 彼女は**チョメイ**な劇作家です。　（　　　　）

□ **02** だれもが**ナットク**する話だ。　（　　　　）

□ **03** **キョウチュウ**は穏やかではない。（　　　　）

□ **04** 令和の**カイブツ**投手が現れた。　（　　　　）

□ **05** 高い**ヒンカク**をそなえる。　（　　　　）

□ **06** 仕切りのついた**タテナガ**の箱。　（　　　　）

□ **07** 休日に昼寝をする**クセ**がある。　（　　　　）

□ **08** それとこれとは**ワケ**が違う。　（　　　　）

□ **09** 板べいの**フシアナ**からのぞく。　（　　　　）

□ **10** 消火器を置き、火災に**ソナ**える。（　　　　）

解答 / 解説

01 (著名)
名前が世に広く知られていること。
他例 著者

02 (納得)
人の考えや行動を理解して受け入れること。得心。
他例 出納（すいとう）

03 (胸中)
心に抱いている思い。
他例 度胸（どきょう）

04 (怪物)
人並外れた力量の人物。
他例 怪異（かいい）・怪奇（かいき）・怪談（かいだん）・奇怪（きかい）

05 (品格)
気品。品位。

06 (縦長)
たて方向に長いこと。

07 (癖)
習慣化している言行。

08 (訳)
事情。

09 (節穴)
木の板などの、ふしが抜けた穴。
他例 穴場（あなば）

10 (備)
前もって用意する。

読み / 同音・同訓異字 / 漢字の識別 / 熟語の構成 / 部首 / 対義語・類義語 / 送り仮名 / 四字熟語 / 誤字訂正 / 書き取り

次の──線のカタカナを漢字に直せ。

□ **01** 手の**コウ**が痛い。 （　　　）

□ **02** 雨天で運動会を**ジュンエン**する。（　　　）

□ **03** お知恵を**ハイシャク**します。 （　　　）

□ **04** 車の製造**カテイ**を見直す。 （　　　）

□ **05** 人の行いを**ヒハン**する。 （　　　）

□ **06** キャンプ場にテントを**ハ**る。 （　　　）

□ **07** 桜の木の下に**ウ**める。 （　　　）

□ **08** あの先に赤い**トリイ**が見える。 （　　　）

□ **09** **ワザワ**いを転じて福となす。 （　　　）

□ **10** **ユザ**ましで薬を飲む。 （　　　）

合格点	得点
7/10	/10

これも
ねらわれる！

読み

同音・同訓異字

漢字の識別

熟語の構成

部首

対義語・類義語

送り仮名

四字熟語

誤字訂正

書き取り

解答

解説

01 (甲)

表面をおおうもの。
他例 甲子・甲乙・甲種

02 (順延)

順繰りに期日をのばすこと。
他例 延長

03 (拝借)

「借りること」のへりくだった言い方。
他例 拝見

04 (過程)

物事の進行する途中の段階。

05 (批判)

物事のよしあしを批評し、その価値や正当性などを判定すること。

06 (張)

たるんだところがないように引き渡す。

07 (埋)

土の中に入れて見えなくする。

08 (鳥居)

神社の参道の入り口の門。

09 (災)

災いを転じて福となす＝わざわいを逆に利用して、幸せになるように工夫する。

10 (湯冷)

さましてぬるくした湯。

次の——線のカタカナを漢字に直せ。

□ 01 ガリュウで花をいける。　　　（　　　）

□ 02 あまりにもトウトツだ。　　　（　　　）

□ 03 体力のゲンカイまで走る。　　（　　　）

□ 04 実力にカクダンの違いがある。（　　　）

□ 05 テンケイ的な優等生タイプ。　（　　　）

□ 06 タビジで旧友に出くわした。　（　　　）

□ 07 ミキの太い木を選ぶ。　　　　（　　　）

□ 08 ハダカ一貫で始めた。　　　　（　　　）

□ 09 殿のカタキを討つ。　　　　　（　　　）

□ 10 モヨリの駅を教えてください。（　　　）

解答 | 解説

01 (我流) 自分勝手な流儀。自己流。

02 (唐突) 急であること。
他例 突出・突撃・衝突・突破

03 (限界) これ以上はないというぎりぎりのところ。

04 (格段) 程度の差が大きいこと。

05 (典型) 同じ仲間の中で最もよくその特徴を表しているもの。

06 (旅路) 旅行の道筋。旅行の途中。

07 (幹) 樹木の枝や葉をつけるもとの部分。

08 (裸) はだか。むきだし。

09 (敵) うらみを晴らすべき相手。

10 (最寄) いちばん近いこと。すぐ近く。

読み

同音・同訓異字

漢字の識別

熟語の構成

部首

対義語・類義語

送り仮名

四字熟語

誤字訂正

書き取り

次の——線のカタカナを漢字に直せ。

□ 01 相手の**トクシュ**な事情を考慮する。（ 　　 ）

□ 02 隣国で**ナイフン**が起こる。 （ 　　 ）

□ 03 **キッサ**店で待ち合わせる。 （ 　　 ）

□ 04 路面が**トウケツ**していて危ない。（ 　　 ）

□ 05 **ギワク**の目を向けられる。 （ 　　 ）

□ 06 毎朝ご飯を**タ**く。 （ 　　 ）

□ 07 悪事を**ニク**む。 （ 　　 ）

□ 08 壁にペンキを**ヌ**る。 （ 　　 ）

□ 09 優れた才能に**メグ**まれる。 （ 　　 ）

□ 10 **アズキ**をゆでる。 （ 　　 ）

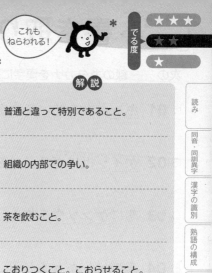

解答　　　　　　　　　　　　解説

01 (特殊) 普通と違って特別であること。

02 (内紛) 組織の内部での争い。

03 (喫茶) 茶を飲むこと。

04 (凍結) こおりつくこと。こおらせること。

05 (疑惑) 疑うこと。疑い。

06 (炊) 水につけた米などに熱を加えて食べられるようにする。

07 (憎) にくらしく思う。きらう。

08 (塗) 物の表面に液体やのり状のものをこするようにつける。

09 (恵) よい条件や望ましい物事を与えられる。

10 (小豆) あんこなどに用いる豆。

読み

同音・同訓異字

漢字の識別

熟語の構成

部首

対義語・類義語

送り仮名

四字熟語

誤字訂正

書き取り

次の──線のカタカナを漢字に直せ。

□ **01** <u>キッポウ</u>を聞いて喜ぶ。　　　（　　　）

□ **02** <u>ケイジ</u>板にポスターをはる。　（　　　）

□ **03** 恋に<u>ゲンソウ</u>を抱く。　　　　（　　　）

□ **04** 車の<u>メンキョ</u>をとる。　　　　（　　　）

□ **05** <u>ヒボン</u>な才能を開花させる。　（　　　）

□ **06** この子は<u>カシコ</u>い子どもだ。　（　　　）

□ **07** 寒さで池の水が<u>コオ</u>る。　　　（　　　）

□ **08** 読みかけの本を机に<u>フ</u>せる。　（　　　）

□ **09** <u>ココチ</u>のよい風が吹いている。（　　　）

□ **10** もう一人座れるよう席を<u>ツ</u>める。（　　　）

解答 / 解説

01 (吉報)
よい知らせ。めでたい知らせ。

02 (掲示)
多くの人に知らせるために、連絡事項などを紙などに書いてかかげること。

03 (幻想)
とりとめもない想像・空想。

04 (免許)
ある行為を官公庁が許すこと。
他例 免状・免税・免除・減免

05 (非凡)
通常でないこと。ずば抜けて優れていること。

06 (賢)
頭の働きや分別が優れている。頭がよい。

07 (凍)
温度が低く、水などの液体が固体になる。

08 (伏)
表面を下へ向かせる。体などを寝かせる。

09 (心地)
心の状態。気持ち。

10 (詰)
すきまなく入れる。入れていっぱいにする。

次の――線のカタカナを漢字に直せ。

□ **01** 胃液は消化**コウソ**を含む。　　（　　　）

□ **02** 運動会で**キバ**戦に参加する。　　（　　　）

□ **03** 弾丸が腹部を**カンツウ**する。　　（　　　）

□ **04** 経費の**サクゲン**に励む。　　（　　　）

□ **05** 手首で**ミャクハク**をはかる。　　（　　　）

□ **06** ピアノの練習を**ナマ**ける。　　（　　　）

□ **07** 負けて**クヤ**しい思いをする。　　（　　　）

□ **08** 冒険には危険が**トモナ**う。　　（　　　）

□ **09** ふとんに**モグ**ると落ち着く。　　（　　　）

□ **10** 今日は散歩**ビヨリ**だ。　　（　　　）

	解答		解説
01	(酵素)		生物の体内でつくられ、体内の化学反応の速度に影響を与える化合物。
02	(騎馬)		馬に乗ること。
03	(貫通)		反対側までつらぬき通ること。
04	(削減)		けずって減らすこと。
05	(脈拍)		心臓から血液が押し出されることによって動脈に周期的に起こる鼓動。
06	(怠)		まじめに勉強や仕事などをしない。
07	(悔)		勝負に負けたり、物事が思いどおりに行かなかったりして、腹立たしく残念だ。
08	(伴)		同時に起こる。引き起こす。
09	(潜)		物の中や下に入り込むこと。
10	(日和)		天気。空模様。

読み

同音・同訓異字

漢字の識別

熟語の構成

部首

対義語・類義語

送り仮名

四字熟語

誤字訂正

書き取り

次の──線のカタカナを漢字に直せ。

□ 01 雪の**ケッショウ**を観察する。　　（　　　）

□ 02 親の**ショウダク**を得る。　　　　（　　　）

□ 03 **イクジ**なしと言われてもいい。（　　　）

□ 04 罪を犯して**ケイバツ**が科された。（　　　）

□ 05 敵陣を**コウリャク**する。　　　　（　　　）

□ 06 犯人の**クワダ**てはすべて露見した。（　　　）

□ 07 友人の本を**マタガ**しする。　　　（　　　）

□ 08 波間に船が**ユ**れる。　　　　　　（　　　）

□ 09 **ブタニク**は好きではありません。（　　　）

□ 10 祖母が笑顔で孫を胸に**ダ**く。　　（　　　）

これも
ねらわれる！

解答 | 解説

読み

同音・同訓異字

漢字の識別

熟語の構成

部首

対義語・類義語

送り仮名

四字熟語

誤字訂正

書き取り

01 (結晶) 物質の原子が一定の配列で規則的に並んだ固体。また、その状態。

02 (承諾) 人からの申し入れや頼みを了解して聞き入れ、引き受けること。

03 (意気地) 物事をやりとげようとする気力。

04 (刑罰) 罪を犯した者に国が与える制裁。

05 (攻略) 敵陣や敵地をせめ落とすこと。

06 (企) よくないもくろみ。

07 (又貸) 借りた物をさらに他に貸すこと。

08 (揺) 前後左右、上下などに動く。

09 (豚肉) 食用としてのぶたの肉。

10 (抱) 腕でかかえる。

次の──線のカタカナを漢字に直せ。

□ **01** 郷里からの手紙を**カイフウ**する。(　　　　)

□ **02** 旧来の**ガイネン**をくつがえす。　(　　　　)

□ **03** その問題は会議で**キキャク**された。(　　　　)

□ **04** **グウスウ**ページに問題があります。(　　　　)

□ **05** 新郎のご両親を**ショウカイ**します。(　　　　)

□ **06** その件は**スデ**に調査済みだ。　(　　　　)

□ **07** 新しい分野の研究に**タズサ**わる。(　　　　)

□ **08** 私は**オトメ**座です。　　　　(　　　　)

□ **09** 心の**オクソコ**に秘めた思いを持つ。(　　　　)

□ **10** 劇場に**シバイ**を見に行く。　　(　　　　)

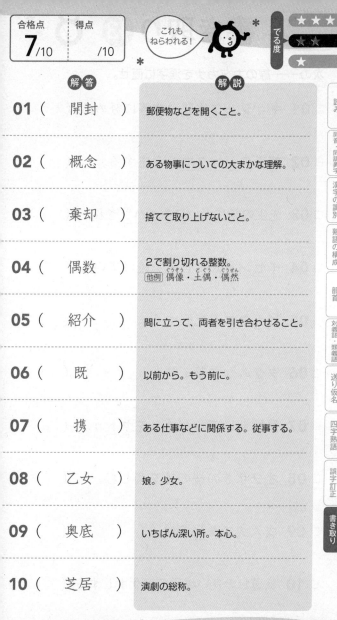

合格点	得点
7/10	/10

解答　　　　　解説

01 (開封)　郵便物などを開くこと。

02 (概念)　ある物事についての大まかな理解。

03 (棄却)　捨てて取り上げないこと。

04 (偶数)　2で割り切れる整数。
他例 偶像・土偶・偶然

05 (紹介)　間に立って、両者を引き合わせること。

06 (既)　以前から。もう前に。

07 (携)　ある仕事などに関係する。従事する。

08 (乙女)　娘。少女。

09 (奥底)　いちばん深い所。本心。

10 (芝居)　演劇の総称。

次の――線のカタカナを漢字に直せ。

□ 01 キョジャク体質の改善に努める。（　　　）

□ 02 部下のショグウを考慮する。　　（　　　）

□ 03 先生の話に大いにケイハツされた。（　　　）

□ 04 イゼンとして否認を続けている。（　　　）

□ 05 ビョウマを克服する。　　　　　（　　　）

□ 06 タクみな言葉で誘う。　　　　　（　　　）

□ 07 繁忙期にアルバイトをヤトう。　（　　　）

□ 08 オソザきの桜の花を楽しむ。　　（　　　）

□ 09 成人式でタビをはく。　　　　　（　　　）

□ 10 風通しの良い場所でカゲボしする。（　　　）

解答　　　　　　　　**解説**

01 (虚弱) 　体が弱く病気になりやすいさま。

02 (処遇) 　ある人に対して、それ相応の扱いをすること。

03 (啓発) 　知識を与えて、より高い認識や理解に導くこと。

04 (依然) 　もとのままで少しも変わらないさま。

05 (病魔) 　病気。
他例 邪魔・魔法

06 (巧) 　物事を上手にするさま。うまいさま。

07 (雇) 　賃金や給料を払って人を使う。

08 (遅咲) 　花が、同じ種類のものよりおくれて開花すること。

09 (足袋) 　ふくろ状のはき物。

10 (陰干) 　日かげで乾かすこと。

次の――線の漢字の読みをひらがなで記せ。

□ **01** 借金を<u>容赦</u>なく取りたてる。　（　　　）

□ **02** 会を<u>契機</u>に親交を深める。　（　　　）

□ **03** イベントを<u>企画</u>する。　　　（　　　）

□ **04** 事情を<u>勘案</u>して的確に判断する。（　　　）

□ **05** 二者<u>択一</u>の決断をせまられる。（　　　）

□ **06** <u>精巧</u>な彫刻を施した銀細工。　（　　　）

□ **07** 著しく名誉を<u>失墜</u>させた。　（　　　）

□ **08** 昼寝をしている父の体を<u>揺</u>する。（　　　）

□ **09** 敵の反撃を<u>抑</u>える。　　　　（　　　）

□ **10** 雪の<u>塊</u>を投げ合う。　　　　（　　　）

ここまで
がんばろう！

解答

解説

読み

同音・同訓異字

漢字の識別

熟語の構成

部首

対義語・類義語

送り仮名

四字熟語

誤字訂正

書き取り

01 （ ようしゃ ）

控え目にすること。手加減すること。
他例 恩赦

02 （ けいき ）

何かが起こる動機・きっかけ。
他例 契約 けいやく

03 （ きかく ）

計画を立てること。
他例 企業 きぎょう

04 （ かんあん ）

事情などを考え合わせること。
他例 勘定・勘弁 かんじょう かんべん

05 （ たくいつ ）

二者択一＝二つのうちのどちらか一つを にしゃたくいつ
選ぶこと。
他例 採択 さいたく

06 （ せいこう ）

つくりや細工などが細かく、巧みにでき
ていること。
他例 巧妙・技巧 こうみょう ぎこう

07 （ しっつい ）

信用・名声・権威などを落とし失うこと。
他例 墜落 ついらく

08 （ ゆ ）

力を加えて、揺り動かす。

09 （ おさ ）

勢いのあるものを押しとどめる。

10 （ かたまり ）

固まったもの。

次の──線の漢字の読みをひらがなで記せ。

□ **01** 殊勝な心がけだとほめられた。（　　　）

□ **02** 慈悲の心をもって子を育てる。（　　　）

□ **03** 風が強く波浪注意報が出た。　（　　　）

□ **04** 暴君から政権を奪回した。　　（　　　）

□ **05** 筋書きの類似したドラマ。　　（　　　）

□ **06** 圧倒的な演技で観衆を魅了する。（　　　）

□ **07** 蔵のとびらの錠をおろす。　　（　　　）

□ **08** 変化に乏しい生活を送る。　　（　　　）

□ **09** 出番を待って楽屋に控える。　（　　　）

□ **10** 荷台に積んだ荷物が崩れる。　（　　　）

読み

同音・同訓異字

漢字の識別

熟語の構成

部首

対義語・類義語

送り仮名

四字熟語

誤字訂正

書き取り

解答 / 解説

01 （ しゅしょう ）
けなげなさま。感心なさま。
他例 特殊

02 （ じひ ）
あわれみ、深い愛をもっていつくしむ心。
他例 慈善

03 （ はろう ）
風などによってできる海水面の高低。なみ。
他例 浪費・放浪

04 （ だっかい ）
奪い返すこと。
他例 争奪・強奪

05 （ るいじ ）
似通っていること。

06 （ みりょう ）
人の心をひきつけて夢中にさせてしまうこと。

07 （ じょう ）
とびらや戸が開かないように取り付ける金具。
他例 錠剤

08 （ とぼ ）
足りない。必要なだけない。

09 （ ひか ）
準備をして、ある場所にとどまって待つ。

10 （ くず ）
物が壊れたり落ちたりして、元の形でなくなる。

次の——線の漢字の読みをひらがなで記せ。

□ **01** 老婆心ながら彼に忠告をした。 （　　　　）

□ **02** 優勝の祝宴を催す。 （　　　　）

□ **03** 交通規則を遵守する。 （　　　　）

□ **04** 酔った勢いで気炎を上げる。 （　　　　）

□ **05** 哲学を専攻する。 （　　　　）

□ **06** 彼女の緩慢な動作にいらだつ。 （　　　　）

□ **07** 若手が華々しく画壇に現れる。 （　　　　）

□ **08** 年齢とともに視力が衰える。 （　　　　）

□ **09** 財布のひもを締める。 （　　　　）

□ **10** この商品の卸値はいくらですか。（　　　　）

読み

同音・同訓異字

漢字の識別

熟語の構成

部首

対義語・類義語

送り仮名

四字熟語

誤字訂正

書き取り

解答 / 解説

01 (ろうばしん)
必要以上に世話をやこうとする気持ち。

02 (しゅくえん)
めでたいことを祝う宴会。
他例 宴席

03 (じゅんしゅ)
規則・法律などに従い、それをよく守ること。
他例 遵法

04 (きえん)
気炎を上げる＝威勢のよいことを盛んに言う。
他例 炎天

05 (てつがく)
人生のあり方や世界の根本原理を理性によって探求する学問。
他例 先哲・変哲

06 (かんまん)
動きなどがゆっくりしていてのろいこと。
他例 緩和

07 (がだん)
画家の社会。
他例 登壇・文壇

08 (おとろ)
勢いや力・機能が弱くなる。

09 (し)
財布のひもを締める＝出費を抑える。

10 (おろしね)
問屋が小売店に商品を売る値段。

次の——線の漢字の読みをひらがなで記せ。

□ **01** 伝統工芸の名匠が手がけた作品。（　　　）

□ **02** 硬式テニス部に入部する予定だ。（　　　）

□ **03** 繁華街で買い物を楽しむ。　（　　　）

□ **04** 広大な丘陵に馬を放牧する。　（　　　）

□ **05** 芳香が部屋中に広がる。　　（　　　）

□ **06** 捕鯨船が一年ぶりに帰国した。（　　　）

□ **07** 気ままな一人暮らしを満喫する。（　　　）

□ **08** 子どもの背丈が伸びる。　　（　　　）

□ **09** 型紙に合わせて布地を裁つ。　（　　　）

□ **10** 実った稲の穂先が垂れる。　　（　　　）

解答 | 解説

01 （めいしょう）
学芸や腕前の優れた人。
他例 師匠・巨匠・宗匠

02 （こうしき）
野球やテニスなどで、硬い球を使って行う方式。
他例 生硬・硬直・硬貨

03 （はんかがい）
人が多く集まってにぎやかな街。
他例 華美・華麗・栄華・昇華

04 （きゅうりょう）
起伏が少なく傾斜の緩やかな土地。

05 （ほうこう）
よい香り。

06 （ほげい）
鯨を捕ること。
他例 鯨飲

07 （まんきつ）
十分に味わって満足すること。
他例 喫煙

08 （の）
高さや長さが増す。

09 （た）
衣服を仕立てるために布地を切る。

10 （ほさき）
植物の穂の先端。

読み

同音・同訓異字

漢字の識別

熟語の構成

部首

対義語・類義語

送り仮名

四字熟語

誤字訂正

書き取り

次の——線の漢字の読みをひらがなで記せ。

□ 01 主人公は架空の人物です。　　（　　　　）

□ 02 ついにトンネルが貫通した。　（　　　　）

□ 03 経験者を優先して雇用する。　（　　　　）

□ 04 のどがつまり窒息しそうになる。（　　　　）

□ 05 暴動はようやく鎮圧された。　（　　　　）

□ 06 自分の潜在意識をかいまみる。（　　　　）

□ 07 サケの稚魚を放流する。　　　（　　　　）

□ 08 マラソンで心身を鍛える。　　（　　　　）

□ 09 右折する対向車に道を譲る。　（　　　　）

□ 10 切れ味の悪い包丁を研ぐ。　　（　　　　）

解答 / 解説

01 (かくう)
根拠や事実がなく想像で作り出すこと。
他例 担架・高架

02 (かんつう)
つらぬき通ること。反対側につきぬけること。
他例 縦貫・一貫

03 (こよう)
人を雇うこと。
他例 解雇

04 (ちっそく)
固形物で息がつまったり、有毒ガスを吸入したりして呼吸が止まること。
他例 窒素

05 (ちんあつ)
武力でおさえしずめること。
他例 鎮痛・鎮火・重鎮

06 (せんざい)
潜在意識＝自分では意識していないが、その行動や考えに影響を与える心の働き。
他例 潜伏・潜入

07 (ちぎょ)
卵からかえって間もない魚。

08 (きた)
肉体・精神などを強くする。

09 (ゆず)
自分の物を他の人に与える。自分より他を先にする。

10 (と)
よく切れるように鋭くする。

次の──線の漢字の読みをひらがなで記せ。

□ 01 卵を入れた雑炊をつくる。　　（　　　　　）

□ 02 息子の将来を憂慮する。　　　（　　　　　）

□ 03 峡谷につり橋を渡す。　　　　（　　　　　）

□ 04 警備員が常駐している。　　　（　　　　　）

□ 05 すばらしい演奏に陶酔する。　（　　　　　）

□ 06 時間に拘束される生活を送る。（　　　　　）

□ 07 九年ぶりの優勝で感慨にふける。（　　　　　）

□ 08 試合開始後すぐに先制点を奪う。（　　　　　）

□ 09 専門的な仕事を下請けに出す。（　　　　　）

□ 10 貧しい人に恵みを施す。　　　（　　　　　）

解答 / 解説

01 (ぞうすい)
米飯に野菜や肉などを加え、しょうゆやみそなどで味をつけた、かゆ状の食べ物。

02 (ゆうりょ)
憂い気遣うこと。心配すること。

03 (きょうこく)
険しい山にはさまれた、幅の狭い谷。

04 (じょうちゅう)
決まった場所にいつも駐在していること。
[他例] 駐輪

05 (とうすい)
心を奪われ、うっとりとしてその気分に浸ること。
[他例] 心酔

06 (こうそく)
自由を制限すること。

07 (かんがい)
深く思いに浸ること。
[他例] 慨嘆

08 (うば)
相手から無理に取る。

09 (したう)
ある人の引き受けた仕事を、さらに請け負うこと。

10 (ほどこ)
恵んで金品を与える。

読み

同音・同訓異字

漢字の識別

熟語の構成

部首

対義語・類義語

送り仮名

四字熟語

誤字訂正

書き取り

次の――線の漢字の読みをひらがなで記せ。

□ 01 土砂が崩落して通行止めになる。(　　　　)

□ 02 負債を二十年かけて返済する。(　　　　)

□ 03 浅ましい魂胆が見え隠れする。(　　　　)

□ 04 目の錯覚でゆがんで見える。(　　　　)

□ 05 辞任を慰留する。(　　　　)

□ 06 公共の施設が整っている町。(　　　　)

□ 07 地位も財産も犠牲にして夢を追う。(　　　　)

□ 08 春の名残を惜しむ。(　　　　)

□ 09 かばんを手に提げる。(　　　　)

□ 10 東の山あいから朝日が昇る。(　　　　)

ここまで
がんばろう！

でる度 ★★★
★★
★

解答 / 解説

01 (ほうらく)
崩れ落ちること。
他例 崩壊・崩御

02 (ふさい)
他から借りた金品。借金。
他例 債権

03 (こんたん)
心中ひそかに意図すること。たくらみ。
他例 闘魂・精魂・商魂

04 (さっかく)
実際と違うように見えたり聞こえたりすること。
他例 交錯・錯誤

05 (いりゅう)
辞めようとする人をなだめて思いとどまらせること。
他例 慰労・慰問

06 (しせつ)
ある目的のために設けた建物や設備。

07 (ぎせい)
ある目的のために財物・生命など大切なものをささげること。

08 (なごり)
物事が過ぎ去った後、まだその気配が残っていること。

09 (さ)
手に持ってぶら下げる。

10 (のぼ)
天に上がる。

読み

同音・同訓異字

漢字の識別

熟語の構成

部首

対義語・類義語

送り仮名

四字熟語

誤字訂正

書き取り

次の——線の漢字の読みをひらがなで記せ。

□ **01** 家族とともに海外へ<u>赴任</u>する。（　　　　）

□ **02** 規則でがんじがらめに<u>束縛</u>する。（　　　　）

□ **03** 平和の<u>礎石</u>を築く。　　　　　（　　　　）

□ **04** <u>怠慢</u>な仕事ぶりにあきれる。　　（　　　　）

□ **05** モナ・リザが<u>本邦</u>初公開された。（　　　　）

□ **06** 古い時計の<u>修繕</u>を依頼する。　　（　　　　）

□ **07** <u>畜産</u>の振興を図る。　　　　　　（　　　　）

□ **08** 急速な経済発展を<u>遂</u>げる。　　　（　　　　）

□ **09** 昔はかまどで<u>煮炊</u>きしていた。　（　　　　）

□ **10** 店先で売り物に<u>難癖</u>をつける。　（　　　　）

解答 解説

01 (ふにん)　任地におもむくこと。

02 (そくばく)　行動に制限を加えて、自由にしたいという気持ちを縛ること。

03 (そせき)　継続していく物事の基礎。

04 (たいまん)　気を緩めて怠けること。

05 (ほんぽう)　我が国。
[他例] 邦人・異邦人・邦楽・友邦

06 (しゅうぜん)　壊れた所をつくろい直すこと。

07 (ちくさん)　家畜を飼って、肉や乳製品などを生産・加工する産業。

08 (と)　目的どおりに果たす。

09 (にた)　食べ物を煮たり炊いたりすること。

10 (なんくせ)　難癖をつける＝小さな欠点をとりあげて非難する。

読み

同音・同訓異字

漢字の識別

熟語の構成

部首

対義語・類義語

送り仮名

四字熟語

誤字訂正

書き取り

次の──線のカタカナにあてはまる漢字をそれぞれの
ア〜オから一つ選び、記号を記せ。

□ **01** 演説に**チョウ**衆が聞き入る。　　　（　　）

□ **02** 彼女は世俗を**チョウ**越している。（　　）

□ **03** 墳墓から**チョウ**像が発掘された。（　　）

（ア 超　イ 聴　ウ 徴　エ 跳　オ 彫）

□ **04** 放課後に校内を清**ソウ**する。　　　（　　）

□ **05** **ソウ**難した三名は無事救助された。（　　）

□ **06** **ソウ**方の言い分を聞く。　　　　　（　　）

（ア 双　イ 相　ウ 掃　エ 遭　オ 想）

□ **07** 海が**ア**れて船が出せない。　　　　（　　）

□ **08** テレビに出演し注目を**ア**びる。　　（　　）

□ **09** 手品の種を**ア**かす。　　　　　　　（　　）

（ア 荒　イ 遭　ウ 浴　エ 明　オ 揚）

238

読み

同音・同訓異字

漢字の識別

熟語の構成

部首

対義語・類義語

送り仮名

四字熟語

誤字訂正

書き取り

合格点	得点
7/9	/9

ここまで
がんばろう！

でる度 ★★★
★★
★

解答 / 解説

01 （ イ ）

聴衆＝講演・演説・音楽などを聞きに集まった人々。
他例 試聴・聴取・傍聴・拝聴・聴講生

02 （ ア ）

超越＝高い境地にあって物事にわずらわされないこと。
他例 超過・超人・超一流・超能力

03 （ オ ）

彫像＝木や石などをほり刻んでつくった像。
他例 彫刻・木彫

04 （ ウ ）

清掃＝きれいにそうじをすること。
他例 掃除・一掃

05 （ エ ）

遭難＝山や海などで思いがけない災難にあうこと。
他例 遭遇

06 （ ア ）

双方＝二つあるうちの両方。
他例 無双・双眼鏡・双生児

07 （ ア ）

荒れる＝勢いがはげしくなる。

08 （ ウ ）

浴びる＝言葉や視線をたくさん受ける。

09 （ エ ）

明かす＝隠されていたものをはっきり示す。

239

次の――線のカタカナにあてはまる漢字をそれぞれの
ア～オから一つ選び、記号を記せ。

□ **01** 蔵の<u>ジョウ</u>前をおろす。 （　　）

□ **02** 話し合って互いに<u>ジョウ</u>歩する。 （　　）

□ **03** 話が<u>ジョウ</u>長で疲れる。 （　　）

（ア 譲　イ 冗　ウ 嬢　エ 丈　オ 錠）

□ **04** 上司の出張に随<u>ハン</u>する。 （　　）

□ **05** ヨットで沿岸を<u>ハン</u>走する。 （　　）

□ **06** 毎朝、河<u>ハン</u>を散歩する。 （　　）

（ア 伴　イ 搬　ウ 帆　エ 畔　オ 判）

□ **07** 馬で草原を<u>カ</u>ける。 （　　）

□ **08** 駅で電車を乗り<u>カ</u>える。 （　　）

□ **09** 服をハンガーに<u>カ</u>ける。 （　　）

（ア 駆　イ 架　ウ 兼　エ 換　オ 掛）

解答 / 解説

01 （ **オ** ）

錠前＝とびら・戸・ふたなどに取りつけて、開かないようにする金具。
他例 錠剤・手錠・糖衣錠

02 （ **ア** ）

譲歩＝自分の主張を抑えて他人に歩み寄ること。
他例 分譲・譲渡

03 （ **イ** ）

冗長＝文章や話などがくどくどと長いさま。
他例 冗談・冗漫

04 （ **ア** ）

随伴＝目上の人のお供をすること。
他例 同伴

05 （ **ウ** ）

帆走＝船が帆を張って進むこと。
他例 帆船

06 （ **エ** ）

河畔＝川のほとり。川端。
他例 湖畔・池畔

07 （ **ア** ）

駆ける＝速く走る。

08 （ **エ** ）

乗り換える＝他の乗り物に移る。

09 （ **オ** ）

掛ける＝つるす。ぶら下げる。

読み

同音・同訓異字

漢字の識別

熟語の構成

部首

対義語・類義語

送り仮名

四字熟語

誤字訂正

書き取り

次の――線のカタカナにあてはまる漢字をそれぞれの
ア～オから一つ選び、記号を記せ。

□ **01** ヒ屈な態度で客に接する。　　　（　　）

□ **02** 歌人ゆかりの地に歌ヒをたてる。（　　）

□ **03** 夏の暑さで川がヒ上がる。　　　（　　）

（ア 被　イ 碑　ウ 卑　エ 避　オ 干）

□ **04** 壁をペンキでト装する。　　　　（　　）

□ **05** 北ト七星を観測する。　　　　　（　　）

□ **06** 思いきって本心をト露する。　　（　　）

（ア 塗　イ 途　ウ 吐　エ 斗　オ 都）

□ **07** 布地が二つにサける。　　　　　（　　）

□ **08** 苦手な人をサける。　　　　　　（　　）

□ **09** 手サげに荷物を入れる。　　　　（　　）

（ア 下　イ 刺　ウ 提　エ 裂　オ 避）

解答 / 解説

01 （ **ウ** ）

卑屈＝人にへつらったり、へりくだったりすること。
[他例] 卑劣・卑近・卑下

02 （ **イ** ）

歌碑＝和歌を刻みつけた記念の石。
[他例] 石碑・句碑・記念碑

03 （ **オ** ）

干上がる＝潮が引ききる。水がすっかりなくなって乾ききる。

04 （ **ア** ）

塗装＝建物にペンキなどをぬること。
[他例] 塗料・塗布・塗炭

05 （ **エ** ）

北斗七星＝北天に見られる、ひしゃくの形をした大熊座の七つの星。

06 （ **ウ** ）

吐露＝心中を包み隠さず述べること。

07 （ **エ** ）

裂ける＝物が線状に破れて離れる。

08 （ **オ** ）

避ける＝好ましくない物事や人から遠ざかる。

09 （ **ウ** ）

手提げ＝手にさげて持つかばんや袋など。

読み

同音・同訓異字

漢字の識別

熟語の構成

部首

対義語・類義語

送り仮名

四字熟語

誤字訂正

書き取り

次の──線のカタカナにあてはまる漢字をそれぞれの
ア～オから一つ選び、記号を記せ。

□ **01** <u>ホウ</u>名録に記帳する。 （　　）

□ **02** 祖母は<u>ホウ</u>楽が好きだ。 （　　）

□ **03** 異国の地の同<u>ホウ</u>を思う。 （　　）

(ア 胞　イ 邦　ウ 抱　エ 奉　オ 芳)

□ **04** 急に態度を<u>コウ</u>化させる。 （　　）

□ **05** <u>コウ</u>妙なわなにはまる。 （　　）

□ **06** 犯人の身柄を<u>コウ</u>束する。 （　　）

(ア 硬　イ 巧　ウ 拘　エ 更　オ 郊)

□ **07** 雨不足で田が<u>ヒ</u>上がった。 （　　）

□ **08** ギターの<u>ヒ</u>き語りを聞く。 （　　）

□ **09** 無限の可能性を<u>ヒ</u>めている。 （　　）

(ア 秘　イ 日　ウ 弾　エ 干　オ 引)

解答

解説

01 （ **オ** ）
芳名録＝あることの参加者やかかわりのある人の名前を記したもの。
[他例] 芳香・芳志・芳紀

02 （ **イ** ）
邦楽＝日本固有の音楽。尺八・こと・三味線などで演奏する音楽。
[他例] 邦画・邦人・邦訳・邦貨

03 （ **ア** ）
同胞＝同じ国の国民。
[他例] 胞子

04 （ **ア** ）
硬化＝意見や態度がかたくなになること。
[他例] 強硬・硬式・硬水・硬直

05 （ **イ** ）
巧妙＝やり方がたくみで優れているさま。
[他例] 精巧・技巧

06 （ **ウ** ）
拘束＝行動の自由を制約すること。
[他例] 拘禁・拘置所

07 （ **エ** ）
干上がる＝完全に乾く。

08 （ **ウ** ）
弾き語り＝歌手が一人で歌う際に、自ら伴奏を担う楽器の演奏も行うこと。

09 （ **ア** ）
秘める＝表面に表さずに隠しもつ。

読み

同音・同訓異字

漢字の識別

熟語の構成

部首

対義語・類義語

送り仮名

四字熟語

誤字訂正

書き取り

でる度 ★★★ 同音・同訓異字 ⑤

次の――線のカタカナにあてはまる漢字をそれぞれの
ア～オから一つ選び、記号を記せ。

□ **01** トウ器の置物が落ちて割れた。　（　　）

□ **02** 冷トウした肉を持参する。　（　　）

□ **03** 子どもが水トウにかかる。　（　　）

（ア 納　イ 痘　ウ 透　エ 凍　オ 陶）

□ **04** 台風で切れたカ線の工事が進む。（　　）

□ **05** カ麗な衣装を着た女優が登場した。（　　）

□ **06** 余カに旅行に出かける。　（　　）

（ア 暇　イ 佳　ウ 架　エ 過　オ 華）

□ **07** ぬれた服をホして乾かす。　（　　）

□ **08** ホリの深い顔立ちの美人。　（　　）

□ **09** ホに風を受けて船が海上を進む。（　　）

（ア 干　イ 穂　ウ 掘　エ 彫　オ 帆）

読み

同音・同訓異字

漢字の識別

熟語の構成

部首

対義語・類義語

送り仮名

四字熟語

誤字訂正

書き取り

解答　　　　**解説**

01　(**オ**)
陶器＝粘土質の土などで形を作り、うわぐすりをかけて焼いた器。
他例 陶酔・陶芸・陶磁器

02　(**エ**)
冷凍＝食料品などを保存するために凍らせること。
他例 凍結・凍傷・凍死

03　(**イ**)
水痘＝おもに小児がかかる急性の感染症。みずぼうそう。
他例 天然痘

04　(**ウ**)
架線＝送電線・電話線など、空中にかけ渡してある線。
他例 架空・担架・高架・架設

05　(**オ**)
華麗＝はなやかで美しいさま。
他例 豪華・華美・昇華

06　(**ア**)
余暇＝仕事のあいまの、自分が自由に使える時間。
他例 寸暇・休暇

07　(**ア**)
干す＝日光や火にあてて、水分を取り除く。

08　(**エ**)
彫り＝ほり刻んだように起伏のあること。

09　(**オ**)
帆＝船の柱に張り、風を受けて船を進める布。

三つの□に共通する漢字を入れて熟語を作れ。漢字は1〜5、6〜10それぞれ右の□□から一つ選び、記号を記せ。

□ 01 委□・□渡・□歩 （ 　 ）

□ 02 空□・□脱・□栄 （ 　 ）

□ 03 □妙・□峰・亡□ （ 　 ）

□ 04 □回・争□・略□ （ 　 ）

□ 05 □罰・求□・□期 （ 　 ）

ア 虚
イ 託
ウ 霊
エ 刑
オ 微
カ 想
キ 譲
ク 奪
ケ 巡
コ 処

□ 06 □起・召□・□声 （ 　 ）

□ 07 必□・提□・連□ （ 　 ）

□ 08 □壊・雪□・□落 （ 　 ）

□ 09 哀□・□別・□敗 （ 　 ）

□ 10 早□・□代・□木 （ 　 ）

ア 喚
イ 崩
ウ 隆
エ 然
オ 携
カ 惜
キ 破
ク 歓
ケ 苗
コ 速

248

解答 / 解説

01 (キ)
委譲＝権限などをゆずり渡して任せること。
譲渡＝他人にゆずり渡すこと。
譲歩＝自分の主張を曲げて歩み寄ること。

他例：譲与／分譲／移譲

02 (ア)
空虚＝から。うつろ。むなしいさま。
虚脱＝気が抜けてぼんやりするさま。
虚栄＝うわべを飾ること。

他例：虚勢／虚弱／虚言

03 (ウ)
霊妙＝人知では計れないほど優れていること。
霊峰＝神仏を祭ってある山。神聖な山。
亡霊＝死者の魂。

他例：霊魂／霊感／幽霊

04 (ク)
奪回＝うばわれたものを取り返すこと。
争奪＝争ってうばい合うこと。
略奪＝力で無理やりうばい取ること。

他例：強奪／奪取

05 (エ)
刑罰＝国家が犯罪者に加える制裁。
求刑＝被告人に刑を科すように求めること。
刑期＝刑を受けている期間。

他例：刑事／処刑／極刑

06 (ア)
喚起＝呼び起こすこと。
召喚＝裁判所が特定の個人を呼び出すこと。
喚声＝驚いたり興奮したりして出す叫び声。

他例：喚問

07 (オ)
必携＝必ず持たなければならないこと。
提携＝助け合って共同で物事を行うこと。
連携＝同じ目的のために協力し合うこと。

他例：携行

08 (イ)
崩壊＝くずれ壊れること。
雪崩＝積雪が大量にくずれること。
崩落＝くずれ落ちること。

他例：崩御

09 (カ)
哀惜＝おしみ悲しむこと。
惜別＝別れをおしむこと。
惜敗＝おしくも負けること。

他例：惜春

10 (ケ)
早苗＝若い稲のなえ。
苗代＝稲の種をまいてなえを育てる田。
苗木＝移植用に育てた小さな木。

他例：苗床

読み｜同音・同訓異字｜漢字の識別｜熟語の構成｜部首｜対義語・類義語｜送り仮名｜四字熟語｜誤字訂正｜書き取り

三つの□に共通する漢字を入れて熟語を作れ。漢字は1～5、6～10それぞれ右の□から一つ選び、記号を記せ。

□ 01 □妙・技□・精□ （　　）

□ 02 屈□・□縮・追□ （　　）

□ 03 □示・□発・拝□ （　　）

□ 04 抑□・浮□・掲□ （　　）

□ 05 □金・□集・応□ （　　）

ア 啓
イ 折
ウ 揚
エ 伸
オ 貯
カ 募
キ 巧
ク 神
ケ 制
コ 斥

□ 06 □定・□案・□当 （　　）

□ 07 □鳴・□卵・闘□ （　　）

□ 08 連□・□人・□楽 （　　）

□ 09 危□・□実・□志家 （　　）

□ 10 □行・未□・完□ （　　）

ア 暫
イ 篤
ウ 施
エ 携
オ 勘
カ 察
キ 遂
ク 機
ケ 鶏
コ 邦

合格点
7/10

得点
/10

ここまで
がんばろう！

でる度
★★★
★★
★

解答 **解説**

01 （キ）	巧妙＝やり方がたくみで優れているさま。 技巧＝技術上の工夫。テクニック。 精巧＝細工が細かく、たくみにできていること
02 （エ）	屈伸＝かがむこととのびること。 伸縮＝のびることと縮むこと。 追伸＝手紙の本文の後に付け足す文。 他例　伸張・伸展・伸長
03 （ア）	啓示＝よくわかるように表し示すこと。 啓発＝人に教え示して、より高い認識・理解に導くこと。 拝啓＝手紙の初めに書くあいさつの語。
04 （ウ）	抑揚＝言葉や文章などの高低の調子。 浮揚＝浮かび上がること。 掲揚＝旗などを高く掲げること。 他例　高揚
05 （カ）	募金＝広く一般から寄付金などをつのること。 募集＝広くつのって集めること。 応募＝募集に応じて申し込むこと。 他例　公募
06 （オ）	勘定＝金銭や数を数えること。 勘案＝考えて工夫すること。 勘当＝親子や師弟の関係を断ち切ること。 他例　勘弁
07 （ケ）	鶏鳴＝にわとりが鳴くこと。その鳴き声。 鶏卵＝にわとりのたまご。 闘鶏＝にわとりを戦わせて勝負を争うこと。 他例　養鶏
08 （コ）	連邦＝複数の州や国が結合して形成する国家。 邦人＝自国の人。特に外国にいる日本人。 邦楽＝日本固有の伝統的音楽。 他例　本邦
09 （イ）	危篤＝病気が重く、生命が危ういこと。 篤実＝人情にあつく誠実なこと。 篤志家＝社会慈善事業を熱心に援助する人。
10 （キ）	遂行＝物事を成しとげること。 未遂＝まだ成しとげていないこと。 完遂＝終わりまでやりとげること。

読み

同音・同訓異字

漢字の識別

熟語の構成

部首

対義語・類義語

送り仮名

四字熟語

誤字訂正

書き取り

熟語の構成のしかたには次のようなものがある。

ア 同じような意味の漢字を重ねたもの（**岩石**）
イ 反対または対応の意味を表す字を重ねたもの（**高低**）
ウ 上の字が下の字を修飾しているもの（**洋画**）
エ 下の字が上の字の目的語・補語になっているもの（**着席**）
オ 上の字が下の字の意味を打ち消しているもの（**非常**）

次の熟語は、上のどれにあたるか、記号で記せ。

□ **01** 出納 （　　　）

□ **02** 粗食 （　　　）

□ **03** 惜春 （　　　）

□ **04** 終了 （　　　）

□ **05** 不滅 （　　　）

□ **06** 喫煙 （　　　）

□ **07** 衝突 （　　　）

□ **08** 去就 （　　　）

□ **09** 換言 （　　　）

□ **10** 主催 （　　　）

ここまで
がんばろう！

でる度 ★★★
★★
★

よく考えて
みよう！

読み

同音・同訓異字

漢字の識別

熟語の構成

部首

対義語・類義語

送り仮名

四字熟語

誤字訂正

書き取り

解答　　　　　　　　　**解説**

01 （ **イ** ）　出納　「支出」⟷「収入」と解釈。

02 （ **ウ** ）　粗食　「粗末な→食物」と解釈。

03 （ **エ** ）　惜春　「惜しむ←春を」と解釈。

04 （ **ア** ）　終了　どちらも「おわり」の意。

05 （ **オ** ）　不滅　「滅びない」と解釈。

06 （ **エ** ）　喫煙　「吸う←たばこを」と解釈。

07 （ **ア** ）　衝突　どちらも「つきあたる」の意。

08 （ **イ** ）　去就　「去る」⟷「とどまる」と解釈。

09 （ **エ** ）　換言　「換える←言葉を」と解釈。

10 （ **ウ** ）　主催　「中心になって→催す」と解釈。

でる度 ★★★ 熟語の構成 ②

熟語の構成のしかたには次のようなものがある。

> ア 同じような意味の漢字を重ねたもの（**岩石**）
> イ 反対または対応の意味を表す字を重ねたもの（**高低**）
> ウ 上の字が下の字を修飾しているもの（**洋画**）
> エ 下の字が上の字の目的語・補語になっているもの（**着席**）
> オ 上の字が下の字の意味を打ち消しているもの（**非常**）

次の熟語は、上のどれにあたるか、記号で記せ。

□ **01** 長幼 （　　　）

□ **02** 遭遇 （　　　）

□ **03** 功罪 （　　　）

□ **04** 未知 （　　　）

□ **05** 粘膜 （　　　）

□ **06** 隔離 （　　　）

□ **07** 佳作 （　　　）

□ **08** 移籍 （　　　）

□ **09** 呼応 （　　　）

□ **10** 債務 （　　　）

読み

同音・同訓異字

漢字の識別

熟語の構成

部首

対義語・類義語

送り仮名

四字熟語

誤字訂正

書き取り

よく考えて
みよう！

解答 **解説**

01 （ **イ** ） 長幼 「年長」⟷「幼年」と解釈。

02 （ **ア** ） 遭遇 どちらも「出会う」の意。

03 （ **イ** ） 功罪 「手柄」⟷「罪」と解釈。

04 （ **オ** ） 未知 「まだ知らない」と解釈。

05 （ **ウ** ） 粘膜 「粘った→膜」と解釈。

06 （ **ア** ） 隔離 どちらも「はなれる」の意。

07 （ **ウ** ） 佳作 「優れた→作品」と解釈。

08 （ **エ** ） 移籍 「移す←籍を」と解釈。

09 （ **イ** ） 呼応 「呼ぶ」⟷「応える」と解釈。

10 （ **ウ** ） 債務 「借金を返す→義務」と解釈。

255

熟語の構成のしかたには次のようなものがある。

> ア 同じような意味の漢字を重ねたもの（**岩石**）
> イ 反対または対応の意味を表す字を重ねたもの（**高低**）
> ウ 上の字が下の字を修飾しているもの（**洋画**）
> エ 下の字が上の字の目的語・補語になっているもの（**着席**）
> オ 上の字が下の字の意味を打ち消しているもの（**非常**）

次の熟語は、上のどれにあたるか、記号で記せ。

□ **01** 無粋 （　　　）

□ **02** 存亡 （　　　）

□ **03** 免税 （　　　）

□ **04** 倹約 （　　　）

□ **05** 脱獄 （　　　）

□ **06** 喜悦 （　　　）

□ **07** 濫発 （　　　）

□ **08** 引率 （　　　）

□ **09** 厳封 （　　　）

□ **10** 因果 （　　　）

よく考えて
みよう!

読み

同音・同訓異字

漢字の識別

熟語の構成

部首

対義語・類義語

送り仮名

四字熟語

誤字訂正

書き取り

解答　　　　　　　**解説**

01 （ オ ）　無粋（ぶすい）　「風流でない」と解釈。

02 （ イ ）　存亡（そんぼう）　「あること」⟷「ないこと」と解釈。

03 （ エ ）　免税（めんぜい）　「免じる ← 税を」と解釈。

04 （ ア ）　倹約（けんやく）　どちらも「質素なさま」の意。

05 （ エ ）　脱獄（だつごく）　「ぬけ出す ← 監獄を」と解釈。

06 （ ア ）　喜悦（きえつ）　どちらも「よろこぶ」の意。

07 （ ウ ）　濫発（らんぱつ）　「みだりに → はなつ」と解釈。

08 （ ア ）　引率（いんそつ）　どちらも「導く」の意。

09 （ ウ ）　厳封（げんぷう）　「厳重に → 封をする」と解釈。

10 （ イ ）　因果（いんが）　「原因」⟷「結果」と解釈。

257

熟語の構成のしかたには次のようなものがある。

> ア 同じような意味の漢字を重ねたもの（**岩石**）
> イ 反対または対応の意味を表す字を重ねたもの（**高低**）
> ウ 上の字が下の字を修飾しているもの（**洋画**）
> エ 下の字が上の字の目的語・補語になっているもの（**着席**）
> オ 上の字が下の字の意味を打ち消しているもの（**非常**）

次の熟語は、上のどれにあたるか、記号で記せ。

□ **01** 栄冠 （　　　）

□ **02** 排斥 （　　　）

□ **03** 開拓 （　　　）

□ **04** 湿潤 （　　　）

□ **05** 解凍 （　　　）

□ **06** 濃淡 （　　　）

□ **07** 未明 （　　　）

□ **08** 赴任 （　　　）

□ **09** 潔癖 （　　　）

□ **10** 遭難 （　　　）

合格点	得点
7/10	/10

ここまで
がんばろう！

でる度 ★★★
★★

読み

同音・同訓異字

漢字の識別

熟語の構成

部首

対義語・類義語

送り仮名

四字熟語

誤字訂正

書き取り

よく考えて
みよう！

解答		**解説**
01	（ ウ ）	栄冠（えいかん）　「はえある → 冠」と解釈。
02	（ ア ）	排斥（はいせき）　どちらも「退ける」の意。
03	（ ア ）	開拓（かいたく）　どちらも「ひらく」の意。
04	（ ア ）	湿潤（しつじゅん）　どちらも「しめる」の意。
05	（ エ ）	解凍（かいとう）　「解く ← 凍結を」と解釈。
06	（ イ ）	濃淡（のうたん）　「濃い」↔「薄い」と解釈。
07	（ オ ）	未明（みめい）　「まだ明けていない」と解釈。
08	（ エ ）	赴任（ふにん）　「赴く ← 任地に」と解釈。
09	（ ウ ）	潔癖（けっぺき）　「きよい → 習性」と解釈。
10	（ エ ）	遭難（そうなん）　「遭う ← 災いに」と解釈。

熟語の構成のしかたには次のようなものがある。

> ア 同じような意味の漢字を重ねたもの (**岩石**)
> イ 反対または対応の意味を表す字を重ねたもの (**高低**)
> ウ 上の字が下の字を修飾しているもの (**洋画**)
> エ 下の字が上の字の目的語・補語になっているもの (**着席**)
> オ 上の字が下の字の意味を打ち消しているもの (**非常**)

次の熟語は、上のどれにあたるか、記号で記せ。

□ **01** 需給 （　　　）

□ **02** 養鶏 （　　　）

□ **03** 概算 （　　　）

□ **04** 未熟 （　　　）

□ **05** 免責 （　　　）

□ **06** 隠匿 （　　　）

□ **07** 鎮痛 （　　　）

□ **08** 霊魂 （　　　）

□ **09** 隔世 （　　　）

□ **10** 粗密 （　　　）

ここまで
がんばろう！

でる度 ★★★ ★★ ★

読み

同音・同訓異字

漢字の識別

熟語の構成

部首

対義語・類義語

送り仮名

四字熟語

誤字訂正

書き取り

よく考えて
みよう！

解答　　　**解説**

01 （ イ ）　需給（じゅきゅう）　「需要」⟷「供給」と解釈。

02 （ エ ）　養鶏（ようけい）　「飼育する ← 鶏を」と解釈。

03 （ ウ ）　概算（がいさん）　「おおよそ → 計算する」と解釈。

04 （ オ ）　未熟（みじゅく）　「まだ熟さない」と解釈。

05 （ エ ）　免責（めんせき）　「免じる ← 責任を」と解釈。

06 （ ア ）　隠匿（いんとく）　どちらも「隠す」の意。

07 （ エ ）　鎮痛（ちんつう）　「しずめる ← 痛みを」と解釈。

08 （ ア ）　霊魂（れいこん）　どちらも「たましい」の意。

09 （ エ ）　隔世（かくせい）　「隔てる ← 世代を」と解釈。

10 （ イ ）　粗密（そみつ）　「粗い」⟷「こまかい」と解釈。

次の漢字の部首をア～エから一つ選び、記号を記せ。

□ 01 邪 （ア 牙 イ 亅 ウ 阝 エ 二） （　　）

□ 02 戯 （ア 卢 イ 弋 ウ ノ エ 戈） （　　）

□ 03 欧 （ア 匸 イ ノ ウ 人 エ 欠） （　　）

□ 04 簿 （ア ⺮ イ 氵 ウ 田 エ 寸） （　　）

□ 05 菊 （ア ⺾ イ ノ ウ 勹 エ 米） （　　）

□ 06 冗 （ア 冖 イ 几 ウ し エ ノ） （　　）

□ 07 載 （ア 土 イ 車 ウ 弋 エ 戈） （　　）

□ 08 夏 （ア 一 イ ノ ウ 目 エ 夂） （　　）

□ 09 酔 （ア 口 イ 酉 ウ 几 エ 十） （　　）

□ 10 就 （ア 口 イ 小 ウ 尤 エ 犬） （　　）

ここまで
がんばろう！

でる度 ★★★
★★
★

読み

同音・同訓異字

漢字の識別

熟語の構成

部首

対義語・類義語

送り仮名

四字熟語

誤字訂正

書き取り

解答 / 解説

01 （ ウ ）
おおざと
[他例] 郭・郊・邦・郎・郷

02 （ エ ）
ほこづくり・ほこがまえ
[他例] 戒・我・成・戦

03 （ エ ）
あくび・かける
[他例] 欺・歓・欲・次・歌

04 （ ア ）
たけかんむり
[他例] 籍・篤・符・範・箇

05 （ ア ）
くさかんむり
[他例] 華・葬・藩・芳・蒸

06 （ ア ）
わかんむり
[他例] 出題範囲では、冗と冠と写のみ。

07 （ イ ）
くるま
[他例] 輝・輩・軍・車

08 （ エ ）
すいにょう・ふゆがしら
[他例] 出題範囲では、夏と変のみ。

09 （ イ ）
とりへん
[他例] 出題範囲では、酔と酵と酸と配のみ。

10 （ ウ ）
だいのまげあし
[他例] 出題範囲では、就のみ。

次の漢字の部首をア～エから一つ選び、記号を記せ。

□ 01 欺 (ア 目 イ ハ ウ 欠 エ 人) （　　）

□ 02 華 (ア 艹 イ 二 ウ 十 エ 一) （　　）

□ 03 嬢 (ア 衣 イ 女 ウ 亠 エ 八) （　　）

□ 04 喫 (ア 口 イ 㣺 ウ 刀 エ 大) （　　）

□ 05 岳 (ア 一 イ 二 ウ ノ エ 山) （　　）

□ 06 廉 (ア 亠 イ 厂 ウ 广 エ 八) （　　）

□ 07 慌 (ア 忄 イ 艹 ウ 亠 エ 川) （　　）

□ 08 扇 (ア 一 イ 戸 ウ 尸 エ 羽) （　　）

□ 09 戦 (ア 単 イ 十 ウ 田 エ 戈) （　　）

□ 10 暦 (ア 厂 イ 一 ウ 木 エ 日) （　　）

合格点
7/10

得点
/10

ここまで
がんばろう！

でる度 ★★★
★★
★

解答 / 解説

01 （ ウ ）
あくび・かける
[他例] 欧・歓・欲・次・歌

02 （ ア ）
くさかんむり
[他例] 菊・葬・藩・芳・蒸

03 （ イ ）
おんなへん
[他例] 娯・姫・娘・好・姉

04 （ ア ）
くちへん
[他例] 喚・嘱・吹・嘆・噴

05 （ エ ）
やま
[他例] 崩・岸・島・岩・山

06 （ ウ ）
まだれ
[他例] 廊・床・座・庁・序

07 （ ア ）
りっしんべん
[他例] 悔・慨・恨・惜・憎

08 （ イ ）
とだれ・とかんむり
[他例] 出題範囲では、扉と房のみ。

09 （ エ ）
ほこづくり・ほこがまえ
[他例] 戒・戯・我・成

10 （ エ ）
ひ
[他例] 暫・昇・晶・曇・暮

読み

同音・同訓異字

漢字の識別

熟語の構成

部首

対義語・類義語

送り仮名

四字熟語

誤字訂正

書き取り

次の漢字の部首をア～エから一つ選び、記号を記せ。

□ 01 蔵 （ア 臣 イ 厂 ウ 艹 エ 戈） （　　　）

□ 02 漏 （ア 氵 イ 尸 ウ 冂 エ 雨） （　　　）

□ 03 甲 （ア 口 イ 田 ウ 十 エ 丨） （　　　）

□ 04 窓 （ア 宀 イ 𥤚 ウ ム エ 心） （　　　）

□ 05 農 （ア 辰 イ 厂 ウ 一 エ 曰） （　　　）

□ 06 義 （ア 羊 イ 扌 ウ 弋 エ 戈） （　　　）

□ 07 遂 （ア ハ イ 一 ウ 豕 エ 辶） （　　　）

□ 08 聴 （ア 十 イ 罒 ウ 耳 エ 心） （　　　）

□ 09 膜 （ア 艹 イ 月 ウ 日 エ 大） （　　　）

□ 10 餓 （ア 𠆢 イ 艮 ウ 食 エ 戈） （　　　）

解答　解説

01 （ ウ ）
くさかんむり
[他例] 菊・若・芸・菜・花

02 （ ア ）
さんずい
[他例] 潤・瀬・漂・濫・湾

03 （ イ ）
た
[他例] 畜・畳・異・画・男

04 （ イ ）
あなかんむり
[他例] 室・突・究・空

05 （ ア ）
しんのたつ
[他例] 出題範囲では、農と辱のみ。

06 （ ア ）
ひつじ
[他例] 群・着・美・羊

07 （ エ ）
しんにょう・しんにゅう
[他例] 遇・遵・遭・逮・遅

08 （ ウ ）
みみへん
[他例] 出題範囲では、聴と職のみ。

09 （ イ ）
にくづき
[他例] 肝・胎・胆・胞・膨

10 （ ウ ）
しょくへん
[他例] 飽・飾・飼・飯・館

読み | 同音・同訓異字 | 漢字の識別 | 熟語の構成 | 部首 | 対義語・類義語 | 送り仮名 | 四字熟語 | 誤字訂正 | 書き取り

次の漢字の部首をア～エから一つ選び、記号を記せ。

□ **01** 興 (ア 臼 イ ロ ウ 一 エ ハ) （　　）

□ **02** 遇 (ア 日 イ 田 ウ 冂 エ 辶) （　　）

□ **03** 郊 (ア 亠 イ ハ ウ 阝 エ 丨) （　　）

□ **04** 零 (ア 一 イ 雨 ウ 人 エ 丶) （　　）

□ **05** 老 (ア 土 イ 耂 ウ 一 エ し) （　　）

□ **06** 悦 (ア ノ イ ロ ウ ル エ 忄) （　　）

□ **07** 欲 (ア ハ イ 谷 ウ ロ エ 欠) （　　）

□ **08** 幻 (ア ム イ 丶 ウ 幺 エ 丨) （　　）

□ **09** 壱 (ア 士 イ 冖 ウ 土 エ 匕) （　　）

□ **10** 墓 (ア 艹 イ 日 ウ 大 エ 土) （　　）

解答　解説

読み

同音・同訓異字

漢字の識別

熟語の構成

部首

対義語・類義語

送り仮名

四字熟語

誤字訂正

書き取り

01 （　ア　）

うす
他例 出題範囲では、臼のみ。

---

02 （　エ　）

しんにょう・しんにゅう
他例 遊・遂・遭・逮・避

---

03 （　ウ　）

おおざと
他例 郭・邪・邦・郎・郷

---

04 （　イ　）

あめかんむり
他例 霊・需・震・霧・雷

---

05 （　イ　）

おいかんむり・おいがしら
他例 出題範囲では、老と者と考のみ。

---

06 （　エ　）

りっしんべん
他例 慨・慌・怖・慢・情

---

07 （　エ　）

あくび・かける
他例 欧・欺・歓・次・歌

---

08 （　ウ　）

よう・いとがしら
他例 出題範囲では、幻と幽と幾と幼のみ。

---

09 （　ア　）

さむらい
他例 出題範囲では、壱と士と声と売のみ。

---

10 （　エ　）

つち
他例 塾・墜・塗・墨・執

右の◻の中のひらがなを一度だけ使って漢字に
直し一字記入して、対義語・類義語を作れ。

対義語

◻ 01 卑屈 ―（　　）大

◻ 02 冗長 ― 簡（　　）

◻ 03 末尾 ― 冒（　　）

◻ 04 称賛 ― 非（　　）

◻ 05 例外 ― 原（　　）

くう
けい
けつ
そく
そん
だい
とう
なん
ばく
らく

類義語

◻ 06 拘束 ― 束（　　）

◻ 07 用心 ―（　　）戒

◻ 08 失望 ―（　　）胆

◻ 09 順序 ― 次（　　）

◻ 10 虚構 ― 架（　　）

合格点 | 得点

7/10 | /10

ここまで
がんばろう！

でる度

★★★
★★
★

解答 | 解説

01 （尊）大

卑屈＝へつらい、へりくだること。
尊大＝人を見下し、えらぶっていること。
他例 卑下－尊大

02 簡（潔）

冗長＝文章や話がくどくどと長いこと。
簡潔＝簡単でよくまとまっていること。

03 冒（頭）

末尾＝一続きのものの終わりの部分。
冒頭＝文章や談話のはじめの部分。

04 非（難）

称賛＝ほめたたえること。
非難＝欠点や過失を責めとがめること。

05 原（則）

例外＝通常の規定から外れること。
原則＝特別な場合を除き、一般に適用する根本的な法則。

06 束（縛）

拘束＝行動の自由を制限すること。
束縛＝行動に制限を与え、自由にしたいという気持ちをしばること。

07 （警）戒

用心＝悪いことにならないよう気をつけること。
警戒＝危険や災害に備え、用心すること。

08 （落）胆

失望＝思ったとおりにならず、がっかりすること。
落胆＝期待が外れてがっかりすること。

09 次（第）

順序＝一定の基準に従って並んだ配列。
次第＝順番。成り行き。

10 架（空）

虚構＝ないものを事実のように作ること。
架空＝想像で作り出すこと。

読み

同音・同訓異字

漢字の識別

熟語の構成

部首

対義語・類義語

送り仮名

四字熟語

誤字訂正

書き取り

右の□の中のひらがなを一度だけ使って漢字に直し一字記入して、対義語・類義語を作れ。

対義語

□ 01 自慢 ― 卑（　　）

□ 02 安定 ―（　　）揺

□ 03 正統 ―（　　）端

□ 04 悲報 ―（　　）報

□ 05 愛護 ― 虐（　　）

類義語

□ 06 没頭 ―（　　）中

□ 07 派手 ―（　　）美

□ 08 計略 ―（　　）謀

□ 09 明白 ―（　　）然

□ 10 巨木 ― 大（　　）

いかげさくじゅたいどうねっきろう

272

読み

同音・同訓異字

漢字の識別

熟語の構成

部首

対義語・類義語

送り仮名

四字熟語

誤字訂正

書き取り

解答　解説

01 卑（下）

自慢＝自分のことを誇らしげに示すこと。
卑下＝人より劣っていると思って振る舞うこと。

02 （動）揺

安定＝変化がなく落ち着いていること。
動揺＝落ち着きがなく不安定なこと。

03 （異）端

正統＝同じもとから分かれたものの中で一番中心で正しいとされる系統。
異端＝正統から外れていること。

04 （朗）報

悲報＝悲しい知らせ。
朗報＝うれしい知らせ。

05 虐（待）

愛護＝かわいがり、大切に守ること。
虐待＝ひどい扱いをすること。

06 （熱）中

没頭＝一つの物事に精神を集中すること。
熱中＝一つの物事に夢中になること。

07 （華）美

派手＝服装・行動などがはなやかで人目を引くこと。
華美＝はなやかで美しいさま。

08 （策）謀

計略＝相手をだまそうとするはかりごと。
策謀＝はかりごとをめぐらすこと。

09 （歴）然

明白＝はっきりしていて疑う余地のないさま。
歴然＝紛れもなく明らかなさま。

10 大（樹）

巨木＝大きな木。
大樹＝大きな木。

＊

右の□の中のひらがなを一度だけ使って漢字に直し一字記入して、対義語・類義語を作れ。

対義語

□ 01 優遇 — （　　）遇

□ 02 零落 — 栄（　　）

□ 03 模倣 — 創（　　）

□ 04 強情 — 従（　　）

□ 05 冗漫 — 簡（　　）

類義語

□ 06 吉報 — （　　）報

□ 07 排除 — 除（　　）

□ 08 有数 — 屈（　　）

□ 09 無視 — 黙（　　）

□ 10 服従 — 隷（　　）

きょ
けつ
さつ
し
じゅん
ぞう
ぞく
たつ
れい
ろう

解答 | 解説

読み

同音・同訓異字

漢字の識別

熟語の構成

部首

対義語・類義語

送り仮名

四字熟語

誤字訂正

書き取り

01 （冷）遇

優遇＝手厚くもてなすこと。
冷遇＝冷淡にあしらうこと。

02 栄（達）

零落＝落ちぶれること。
栄達＝高い地位に進むこと。出世。

03 創（造）

模倣＝まねること。
創造＝新しいものを初めて造り出すこと。

04 従（順）

強情＝自分の考えを押し通すこと。
従順＝人に逆らわずおとなしく従うこと。

05 簡（潔）

冗漫＝むだな部分が多くてしまりのない
こと。くどくてまとまりがないこと。
簡潔＝簡単でよくまとまっていること。

06 （朗）報

吉報＝めでたい知らせ。
朗報＝うれしい知らせ。

07 除（去）

排除＝不要なものや障害を取り除くこと
除去＝じゃまなものなどを取り除くこと。

08 屈（指）

有数＝優れていて数えるほどであること。
屈指＝多くの中で指を折って数えられる
ほど優れていること。

09 黙（殺）

無視＝存在しないかのように扱うこと。
黙殺＝取り合わないこと。問題にしない
こと。

10 隷（属）

服従＝他の意志や命令に従うこと。
隷属＝他の支配下にあって相手の意のま
まになること。 他例 屈従－隷属

右の□の中のひらがなを一度だけ使って漢字に直し一字記入して、対義語・類義語を作れ。

対義語

□ 01 希薄 ―（　　）密

□ 02 浪費 ― 倹（　　）

□ 03 帰路 ―（　　）路

□ 04 脱退 ― 加（　　）

□ 05 支配 ―（　　）属

類義語

□ 06 便利 ― 重（　　）

□ 07 野卑 ― 下（　　）

□ 08 独自 ―（　　）有

□ 09 団結 ― 結（　　）

□ 10 明朗 ―（　　）活

おう
かい
じゅう
そく
とく
のう
ひん
ほう
めい
やく

合格点	得点
7/10	/10

ここまで
がんばろう！

でる度 ★★★
★★
★

	解答	解説
01	（濃）密	希薄＝弱く乏しいこと。 濃密＝密度がこくて細やかなさま。
02	倹（約）	浪費＝むだ遣い。 倹約＝金や物をむだ遣いしないで切り詰めること。
03	（往）路	帰路＝帰り道。 往路＝行きの道。
04	加（盟）	脱退＝団体や組織を辞めること。 加盟＝団体や組織に加わること。 他例 離脱－加盟
05	（従）属	支配＝服従させること。 従属＝強大なものに付き従うこと。 他例 自立－従属
06	重（宝）	便利＝都合がよく役に立つこと。 重宝＝便利で役に立つこと。
07	下（品）	野卑＝言動が下品でいやしいこと。 下品＝品格・品性が劣ること。
08	（特）有	独自＝そのものだけにあるさま。 特有＝そのものだけが持っているさま。
09	結（束）	団結＝大勢が同じ目的のもとにしっかりとまとまること。 結束＝同じ志の者が固く結びつくこと。
10	（快）活	明朗＝明るくほがらかなさま。 快活＝気持ちが明るく元気なさま。

読み

同音・同訓異字

漢字の識別

熟語の構成

部首

対義語・類義語

送り仮名

四字熟語

誤字訂正

書き取り

右の□□の中のひらがなを一度だけ使って漢字に直し一字記入して、対義語・類義語を作れ。

対義語

□ 01 穏和 ― 粗（　　　）

□ 02 虚構 ― 事（　　　）

□ 03 老成 ―（　　　）稚

□ 04 先祖 ― 子（　　　）

□ 05 難解 ― 平（　　　）

類義語

□ 06 哀歓 ― 悲（　　　）

□ 07 加勢 ―（　　　）援

□ 08 利発 ― 賢（　　　）

□ 09 追憶 ―（　　　）顧

□ 10 突如 ―（　　　）意

い
おう
かい
き
じつ
そん
ふ
ぼう
めい
よう

278

解答 | 解説

読み

同音・同訓異字

漢字の識別

熟語の構成

部首

対義語・類義語

送り仮名

四字熟語

誤字訂正

書き取り

01 粗（暴）

穏和＝おだやかでおとなしいさま。
粗暴＝乱暴で荒荒しいさま。

02 事（実）

虚構＝事実ではないことを事実らしくつくり上げること。
事実＝実際に起こった事柄。

03 （幼）稚

老成＝経験を積んで熟達すること。
幼稚＝考え方ややり方が幼いさま。

04 子（孫）

先祖＝その家系の、今より前の代の人。
子孫＝その家系の血筋をひいている人。

05 平（易）

難解＝難しいこと。わかりにくいこと。
平易＝やさしく、わかりやすいこと。

06 悲（喜）

哀歓＝悲しみと喜び。
悲喜＝悲しみと喜び。

07 （応）援

加勢＝力を貸して助けること。
応援＝はげまし、助けること。
他例 助カー応援

08 賢（明）

利発＝賢いこと。利口なこと。
賢明＝賢くて道理に明るいこと。

09 （回）顧

追憶＝過去を思い出してなつかしむこと。
回顧＝過去をなつかしく思い返すこと。

10 （不）意

突如＝だしぬけに。突然。
不意＝思いもかけないこと。

右の□の中のひらがなを一度だけ使って漢字に直し一字記入して、対義語・類義語を作れ。

対義語

□ 01 強制 —（　　）意

□ 02 却下 —（　　）理

□ 03 解雇 —（　　）用

□ 04 主食 —（　　）食

□ 05 協調 — 排（　　）

類義語

□ 06 肝心 — 重（　　）

□ 07 不足 —（　　）如

□ 08 高低 —（　　）伏

□ 09 了承 —（　　）諾

□ 10 案内 — 誘（　　）

き
きょ
けつ
さい
じゅ
た
どう
にん
ふく
よう

解答 / 解説

読み

同音・同訓異字

漢字の識別

熟語の構成

部首

対義語・類義語

送り仮名

四字熟語

誤字訂正

書き取り

01 （任）意

強制＝権力や威力によって、ある事を無理にさせること。
任意＝その人の自由意志にまかせること。

02 （受）理

却下＝書類などを退けること。
受理＝書類などを受け取ること。
[他例] 棄却－受理

03 （採）用

解雇＝雇っていた者を辞めさせること。
採用＝人を雇うこと。

04 （副）食

主食＝日常の食事で、主となる食べ物。
副食＝主食に添えて食べるもの。

05 排（他）

協調＝互いに協力し合うこと。
排他＝自分や仲間以外を退けること。

06 重（要）

肝心＝この上なく大切なさま。
重要＝特に大切であるさま。

07 （欠）如

不足＝足りないこと。
欠如＝あるべき物が欠けて足りないこと。

08 （起）伏

高低＝高いことと低いこと。
起伏＝高くなったり低くなったりすること。

09 （許）諾

了承＝事情などを理解して承知すること。
許諾＝願いごとや要求などを聞き入れて許すこと。

10 誘（導）

案内＝導いてそこに連れて行くこと。
誘導＝目的の所に誘い導くこと。

右の□の中のひらがなを一度だけ使って漢字に直し一字記入して、対義語・類義語を作れ。

対義語

□ 01 発生 ― 消（　　　）

□ 02 課税 ―（　　　）税

□ 03 事実 ―（　　　）構

□ 04 勝利 ― 敗（　　　）

□ 05 未満 ―（　　　）過

類義語

□ 06 妨害 ―（　　　）止

□ 07 異議 ― 異（　　　）

□ 08 綿密 ― 周（　　　）

□ 09 奇抜 ―（　　　）飛

□ 10 繁栄 ―（　　　）盛

きょ
そ
ぞん
ちょう
とう
とっ
ぼく
めつ
めん
りゅう

読み

同音・同訓異字

漢字の識別

熟語の構成

部首

対義語・類義語

送り仮名

四字熟語

誤字訂正

書き取り

解答　　　　　　　　解説

01 消（滅）

発生＝生じること。物事の起こること。
消滅＝消えてなくなること。

02 （免）税

課税＝税金を割り当てること。
免税＝税金をかけないこと。

03 （虚）構

事実＝実際にある事柄。
虚構＝事実でないことを事実のように作り上げること。作りごと。

04 敗（北）

勝利＝戦いや争いなどで、相手に勝つこと。
敗北＝戦いに負けること。

05 （超）過

未満＝ある数量に達しないこと。
超過＝数量などがある限度をこえること。

06 （阻）止

妨害＝邪魔をすること。
阻止＝さまたげて食い止めること。

07 異（存）

異議＝一つの意見に対して、反対または不服であるという意見。
異存＝反対の意見や、不服な気持ち。

08 周（到）

綿密＝細かく注意が行き届いているさま。
周到＝用意や準備がよく行き届いて手抜かりのない様子。

09 （突）飛

奇抜＝思いもよらないほど風変わりなさま。
突飛＝常識とかけはなれているさま。

10 （隆）盛

繁栄＝栄えて発展すること。
隆盛＝勢いが盛んなこと。

次の――線のカタカナを漢字一字と送り仮名(ひらがな)に直せ。

□ **01** 大臣に名を**ツラネル**。　　　　　(　　　　)

□ **02** 部屋の中が**チラカッ**ている。　(　　　　)

□ **03** 娘に**ミチビカ**れて教室に入る。(　　　　)

□ **04** 不必要な出費を**ケズル**。　　　(　　　　)

□ **05** 仏前で経を**トナエル**。　　　　(　　　　)

□ **06** 終了を**ツゲル**ベル。　　　　　(　　　　)

□ **07** 途中で燃料を**オギナウ**。　　　(　　　　)

□ **08** 体重を**ヘラサ**ないといけない。(　　　　)

□ **09** 強烈な寒さに手が**コゴエル**。　(　　　　)

□ **10** 厳しい非難の声を**アビセ**られる。(　　　　)

解答	解説	
01 (連ねる)	仲間に加わる。	読み
02 (散らかっ)	物がちりぢりにばらまかれた状態にある。	同音・同訓異字
03 (導か)	目的の場所や状態まで連れて行く。	漢字の識別
04 (削る)	一部分を取り除いて全体の量を減らす。	熟語の構成
05 (唱える)	(詩やお経などの文句を)節をつけて言う。	部首
06 (告げる)	知らせる。	対義語・類義語
07 (補う)	不足を満たす。	送り仮名
08 (減らさ)	数・量・程度などを少なくする。	四字熟語
09 (凍える)	寒さで体が冷えきって固くなり、自由がきかなくなる。	誤字訂正
10 (浴びせ)	激しく注ぎかける。相手に集中的に投げつける。	書き取り

次の——線のカタカナを漢字一字と送り仮名（ひらがな）に直せ。

□ **01** 激しく首位を**キソウ**。　　　　（　　　）

□ **02** 班長の指示に**シタガウ**。　　　（　　　）

□ **03** 対戦相手を**シリゾケル**。　　　（　　　）

□ **04** 道路を**タイラニ**ならす。　　　（　　　）

□ **05** 彼には才能が**ソナワッ**ている。（　　　）

□ **06** 生活を**イトナム**。　　　　　　（　　　）

□ **07** 古新聞と雑誌をまとめて**シバル**。（　　　）

□ **08** 実験を繰り返して**タシカメル**。（　　　）

□ **09** 彼女に心を**ヨセル**。　　　　　（　　　）

□ **10** 思い出の地に**オモムク**。　　　（　　　）

解答　　　　　　　　**解説**

01 (競う)　争う。

02 (従う)　逆らわずにそのとおりにする。

03 (退ける)　追い返す。追い払う。

04 (平らに)　高低やでこぼこがない様子。ひらたいさま。

05 (備わっ)　自然と身についている。

06 (営む)　計画を立てて物事をする。

07 (縛る)　ひもなどを巻きつけ、一つにまとめて結ぶ。

08 (確かめる)　念を押してたしかかどうか見届ける。

09 (寄せる)　思いをかける。

10 (赴く)　ある場所・方角に向かって行く。

読み

同音・同訓異字

漢字の識別

熟語の構成

部首

対義語・類義語

送り仮名

四字熟語

誤字訂正

書き取り

287

次の――線のカタカナを漢字一字と送り仮名（ひらがな）に直せ。

□ **01** 二人の心を**ヘダテル**わだかまり。（　　　　）

□ **02** 初志を**ツラヌク**。（　　　　）

□ **03** 国旗を**カカゲ**て船が入港した。（　　　　）

□ **04** 机の上に**フセル**。（　　　　）

□ **05** **コガサ**ぬように網でもちを焼く。（　　　　）

□ **06** 平家は**ホロビル**運命にあった。（　　　　）

□ **07** 無分別な言動を**クイル**。（　　　　）

□ **08** **トボシイ**明かりでも本を読んだ。（　　　　）

□ **09** これまでの経過を**クワシク**話した。（　　　　）

□ **10** 時間に**シバラ**れた日日を過ごす。（　　　　）

288

解答　解説

01 (隔てる)　心理的な距離を設ける。遠ざける。

02 (貫く)　一つの事を最後までやり遂げる。

03 (揭げ)　高くさしあげる。

04 (伏せる)　下の方に向ける。うつむかせる。また、腹ばいになる。

05 (焦がさ)　火や熱で焼いて黒くする。

06 (滅びる)　絶えてなくなる。

07 (悔いる)　自分の起こした行動を残念に思う。

08 (乏しい)　十分でない。足りない。

09 (詳しく)　細部までわかるようにしてある。

10 (縛ら)　人の行動の自由を制限する。

次の四字熟語の（　）のカタカナを漢字に直し、二字記せ。

□ 01　明鏡（ シスイ　　）

□ 02　（ シンシュツ　）鬼没

□ 03　（ サイショク　）兼備

□ 04　意味（ シンチョウ　）

□ 05　平穏（ ブジ　　）

□ 06　（ イッキ　）一憂

□ 07　行雲（ リュウスイ　）

□ 08　変幻（ ジザイ　　）

□ 09　（ ココン　　）東西

□ 10　難攻（ フラク　　）

解答

解説

01 明鏡（止水）
めいきょう　しすい

心に邪念がなく、落ち着いて澄みきっている状態。
[他例]「明鏡」が出題されることもある。

02 （神出）鬼没
しんしゅつ　きぼつ

自由自在に出没すること。

03 （才色）兼備
さいしょく　けんび

女性が才知と美しい顔の両方を持つこと。

04 意味（深長）
いみ　しんちょう

意味が深くて含みがあるさま。

05 平穏（無事）
へいおん　ぶじ

何事もなく穏やかなこと。

06 （一喜）一憂
いっき　いちゆう

状況に応じてその都度喜んだり悲観したりすること。

07 行雲（流水）
こううん　りゅうすい

物事にこだわらず、成り行きに任せて行動すること。
[他例]「行雲」が出題されることもある。

08 変幻（自在）
へんげん　じざい

思いのままに変化すること。

09 （古今）東西
ここん　とうざい

昔から今まで、あらゆる所で。
[他例]「東西」が出題されることもある。

10 難攻（不落）
なんこう　ふらく

攻めにくくて容易に攻めおとせないこと。

読み
同音・同訓異字
漢字の識別
熟語の構成
部首
対義語・類義語
送り仮名
四字熟語
誤字訂正
書き取り

次の四字熟語の( )のカタカナを漢字に直し、二字記せ。

□ 01 離合（ シュウサン ）

□ 02 （ ヨウイ ）周到

□ 03 （ ヨウシ ）端麗

□ 04 同床（ イム ）

□ 05 （ エンテン ）滑脱

□ 06 驚天（ ドウチ ）

□ 07 孤城（ ラクジツ ）

□ 08 前後（ フカク ）

□ 09 事実（ ムコン ）

□ 10 一石（ ニチョウ ）

ここまで
がんばろう！

でる度 ★★★
　　　 ★★
　　　 ★

解答　　　　　　　　　　　　解説

01 離合（集散）　離れたり集まったりすること。

02 （用意）周到　準備が十分に行き届いているさま。

03 （容姿）端麗　姿や形がきちんと整って、美しいこと。

04 同床（異夢）　境遇が同じでも心は別々であること。

05 （円転）滑脱　人との応対に角が立たず巧みなさま。

06 驚天（動地）　世間をあっと言わせるほど驚かすこと。

07 孤城（落日）　勢いが衰えて、ひどく心細いさま。

08 前後（不覚）　後先がわからないほど正体を失うこと。

09 事実（無根）　事実に基づかず根拠がないこと。

10 一石（二鳥）　一つの行為から二つの利益を得ること。

読み

同音・同訓異字

漢字の識別

熟語の構成

部首

対義語・類義語

送り仮名

四字熟語

誤字訂正

書き取り

次の四字熟語の( )のカタカナを漢字に直し、二字記せ。

□ 01 得意(^{マンメン})

□ 02 意気(^{トウゴウ})

□ 03 (^{ショウシ})千万

□ 04 針小(^{ボウダイ})

□ 05 無病(^{ソクサイ})

□ 06 三寒(^{シオン})

□ 07 花鳥(^{フウゲツ})

□ 08 以心(^{デンシン})

□ 09 明朗(^{カイカツ})

□ 10 (^{ココン})無双

解答

解説

読み

同音・同訓異字

漢字の識別

熟語の構成

部首

対義語・類義語

送り仮名

四字熟語

誤字訂正

書き取り

01 得意（満面）
とくい まんめん

誇らしげな様子が顔全体に表れること。

02 意気（投合）
いき とうごう

互いの気持ちや意見が合うこと。

03 （笑止）千万
しょうし せんばん

ひどくこっけいでばかばかしいさま。
他例「千万」が出題されることもある。

04 針小（棒大）
しんしょう ぼうだい

小さなことを大げさに言うこと。
他例「針小」が出題されることもある。

05 無病（息災）
むびょう そくさい

病気をしないで健康でいること。
他例「無病」が出題されることもある。

06 三寒（四温）
さんかん しおん

三日ほど寒い日が続いた後、四日ほど暖
かい日が続くことを繰り返す気候の型。
他例「三寒」が出題されることもある。

07 花鳥（風月）
かちょう ふうげつ

自然界の美しい景物。
他例「花鳥」が出題されることもある。

08 以心（伝心）
いしん でんしん

口に出さなくても心が通じ合うこと。
他例「以心」が出題されることもある。

09 明朗（快活）
めいろう かいかつ

性格が明るくほがらかなさま。
他例「明朗」が出題されることもある。

10 （古今）無双
ここん むそう

昔から今まで並ぶ者がないほど優れてい
ること。

次の四字熟語の（ ）のカタカナを漢字に直し、二字記せ。

□ 01 （ ^{イキ} ） 衝天

□ 02 （ ^{メイジツ} ） 一体

□ 03 漫言 （ ^{ホウゴ} ）

□ 04 思慮 （ ^{フンベツ} ）

□ 05 （ ^{ゼンジン} ） 未到

□ 06 （ ^{ギロン} ） 百出

□ 07 （ ^{イク} ） 同音

□ 08 活殺 （ ^{ジザイ} ）

□ 09 （ ^{チョクジョウ} ） 径行

□ 10 （ ^{タンジュン} ） 明快

ここまで
がんばろう！

解答

解説

読み

同音・同訓異字

漢字の識別

熟語の構成

部首

対義語・類義語

送り仮名

四字熟語

誤字訂正

書き取り

01 (意気) 衝天
<small>いき　しょうてん</small>

意気込みが天をつくほどに盛んなさま。

02 (名実) 一体
<small>めいじつ　いったい</small>

名目と実体が一致していること。

03 漫言 (放語)
<small>まんげん　ほうご</small>

とりとめもなく発する言葉。

04 思慮 (分別)
<small>しりょ　ふんべつ</small>

深く考え、道理をわきまえること。

05 (前人) 未到
<small>ぜんじん　みとう</small>

今までだれも足を踏み入れたり到達したりしていないこと。
[注意]「前人未踏」とも書く。
<small>ぜんじんみとう</small>

06 (議論) 百出
<small>ぎろん　ひゃくしゅつ</small>

多数の意見が出ること。
[他例]「百出」が出題されることもある。

07 (異口) 同音
<small>いく　どうおん</small>

口をそろえて同じことを言うこと。
[他例]「同音」が出題されることもある。

08 活殺 (自在)
<small>かっさつ　じざい</small>

他を自分の思うままに操ること。
[他例]「活殺」が出題されることもある。

09 (直情) 径行
<small>ちょくじょう　けいこう</small>

感情を抑えずに自分の思ったとおりに行動すること。

10 (単純) 明快
<small>たんじゅん　めいかい</small>

考え方が複雑でなく、すっきりしてわかりやすいさま。

次の各文にまちがって使われている同じ読みの漢字が一字ある。左に誤字を、右に正しい漢字を記せ。

□ 01 乱獲により個体数が減少していたクロマグロの完全容殖に成功した。

誤（　　）⇒ 正（　　）

□ 02 灯台へ向かう道の途中には、騎馬にまたがる優敢な軍人の像がある。

誤（　　）⇒ 正（　　）

□ 03 数多くの便利な帰能が満載の電子端末に、人気が集中する傾向にある。

誤（　　）⇒ 正（　　）

□ 04 商店街を活勢化する方策を話し合うために、地元の住民が知恵を絞った。

誤（　　）⇒ 正（　　）

□ 05 今回の市長選挙では、現職が投票総数の過半数を獲特して勝利した。

誤（　　）⇒ 正（　　）

□ 06 所属部員の風紀が乱れており、玄格なルールを設定する必要がある。

誤（　　）⇒ 正（　　）

□ 07 強化合宿は個人の体力向上の他に連帯感という複産物も生んだ。

誤（　　）⇒ 正（　　）

□ 08 プライバシー保護の観点から、内部資糧の破棄には十分な注意を要する。

誤（　　）⇒ 正（　　）

ここまで
がんばろう！

でる度
★★★
★★
★

解答

誤　正

01 (容) ⇒ (養)

02 (優) ⇒ (勇)

03 (帰) ⇒ (機)

04 (勢) ⇒ (性)

05 (特) ⇒ (得)

06 (玄) ⇒ (厳)

07 (複) ⇒ (副)

08 (糧) ⇒ (料)

解説

01 養殖=魚介類などを人工的にやしなって増やすこと。

02 勇敢=強い心を持ち、自ら進んで困難に立ち向かうさま。

03 機能=その物が特性としてもつ働き。

04 活性化=刺激を与えて活発にすること。

05 獲得=苦労して物や権利を手に入れること。

06 厳格=不正や怠慢などを許さず、きびしくするさま。

07 副産物=目的の物を生産する途中でできる別の産物。

08 資料=研究や判断の基礎となる材料や情報。

読み

同音・同訓異字

漢字の識別

熟語の構成

部首

対義語・類義語

送り仮名

四字熟語

誤字訂正

書き取り

次の各文にまちがって使われている同じ読みの漢字が一字ある。左に誤字を、右に正しい漢字を記せ。

□ **01** 昨夜の地震の影響で、管理システムが設備の違常を感知した。

誤（ 　 ）⇒ 正（ 　 ）

□ **02** 温暖化を防ぐため、組織が一含となり取り組む必要がある。

誤（ 　 ）⇒ 正（ 　 ）

□ **03** 巡回中の警察官が公園で起こった傷害事件に一人で対所した。

誤（ 　 ）⇒ 正（ 　 ）

□ **04** 首相はガソリンの代替燃料の開発について、検当するよう要請した。

誤（ 　 ）⇒ 正（ 　 ）

□ **05** 両面コピーや照明器具での節電などを行って、コストの削源を試みる。

誤（ 　 ）⇒ 正（ 　 ）

□ **06** 渡航の際は機内に持ち込める手荷物の数や大きさ、重量が制元される。

誤（ 　 ）⇒ 正（ 　 ）

□ **07** 細やかな拝慮が行き届いた、昔ながらの趣がある旅館に両親と宿泊した。

誤（ 　 ）⇒ 正（ 　 ）

□ **08** 十字路に信号機が設置されたため、交通事故の不安は解障した。

誤（ 　 ）⇒ 正（ 　 ）

合格点　得点

6/8　　　/8

ここまで
がんばろう！

でる度
★★★
★★
★

	解答			解説
	誤		正	

01（ 違 ）⇒（ 異 ）　異常＝普通と違っていること。

02（ 含 ）⇒（ 丸 ）　一丸＝心を一つにしたひとかたまり。

03（ 所 ）⇒（ 処 ）　対処＝ある事態や状況の変化に対応して適切な処置をとること。

04（ 当 ）⇒（ 討 ）　検討＝ある物事を詳しく調べて、よしあしを考えること。

05（ 源 ）⇒（ 減 ）　削減＝量や金額を削り、減らすこと。

06（ 元 ）⇒（ 限 ）　制限＝許すことのできる、また、これ以上はいけないという範囲や限界を定めること。

07（ 拝 ）⇒（ 配 ）　配慮＝心を配ること。心遣い。

08（ 障 ）⇒（ 消 ）　解消＝それまであった関係や状態をなくすこと。また、なくなること。

読み

同音・同訓異字

漢字の識別

熟語の構成

部首

対義語・類義語

送り仮名

四字熟語

誤字訂正

書き取り

次の各文にまちがって使われている同じ読みの漢字が一字ある。左に誤字を、右に正しい漢字を記せ。

□ **01** 現役で最年長の選手が、記録達成を機に引待を表明した。

誤（ 　 ）⇒ 正（ 　 ）

□ **02** 我が社では最先端の製造装置を駆仕して日夜研究開発に努めている。

誤（ 　 ）⇒ 正（ 　 ）

□ **03** 機体が激しく損衝していることが着陸後の点検で判明した。

誤（ 　 ）⇒ 正（ 　 ）

□ **04** 祖父は長年にわたる学校教育への基与により感謝状を贈られた。

誤（ 　 ）⇒ 正（ 　 ）

□ **05** 三種類のコースの中から宣択できる旅行プランが若者に人気である。

誤（ 　 ）⇒ 正（ 　 ）

□ **06** 家畜には安全で栄養価の高い仕料を与えて、他社との差別化を図っている。

誤（ 　 ）⇒ 正（ 　 ）

□ **07** 海外への試察という名目で多額の旅費が計上されている。

誤（ 　 ）⇒ 正（ 　 ）

□ **08** 案内に書かれた番号に電話し、応慕に必要な書類を取り寄せる。

誤（ 　 ）⇒ 正（ 　 ）

解答／**解説**

01（待）⇒（退）
引退＝役職や地位から身を退くこと。

02（仕）⇒（使）
駆使＝自由自在に使いこなすこと。

03（衝）⇒（傷）
損傷＝物が壊れたり、体が傷ついたりすること。

04（基）⇒（寄）
寄与＝国家・社会・会社などに役立つことをすること。

05（宣）⇒（選）
選択＝いくつかの中から選ぶこと。

06（仕）⇒（飼）
飼料＝家畜のえさ・食料。

07（試）⇒（視）
視察＝その場に出向いて実状を見届けること。

08（慕）⇒（募）
応募＝募集に応じること。

読み｜同音・同訓異字｜漢字の識別｜熟語の構成｜部首｜対義語・類義語｜送り仮名｜四字熟語｜誤字訂正｜書き取り

次の各文にまちがって使われている同じ読みの漢字が一字ある。左に誤字を、右に正しい漢字を記せ。

□ **01** 休暇中は祖父母の家で早朝から家蓄の世話を手伝った。

誤（　　）⇒ 正（　　）

□ **02** 住民は干拓事業が生態形を破壊するとして、着工に反対している。

誤（　　）⇒ 正（　　）

□ **03** 以前から練っていた商品の販売促進のためのイベント企格を提案した。

誤（　　）⇒ 正（　　）

□ **04** 慢性的な鼻炎を致療するための新しい薬を、専門の医師から処方された。

誤（　　）⇒ 正（　　）

□ **05** 旅先でアルプスの雄大な形観を背にして写真を撮ってもらった。

誤（　　）⇒ 正（　　）

□ **06** 不測の事態を避けるため、出発前に車両を抜かりなく製備する必要がある。

誤（　　）⇒ 正（　　）

□ **07** 進化の過提で退化した体の器官についての記事を雑誌で読んだ。

誤（　　）⇒ 正（　　）

□ **08** 野球部は県大会で強豪校との激戦を制して、年願の優勝を果たした。

誤（　　）⇒ 正（　　）

解答　解説

01 (蓄)⇒(畜)
家畜＝人間の生活に役立たせる目的で飼育される動物。

02 (形)⇒(系)
生態系＝一定の地域の生物とその物理的環境を、ひとまとまりとしてとらえた概念。

03 (格)⇒(画)
企画＝新しいことを行うために計画すること。また、その計画。

04 (致)⇒(治)
治療＝病気・けがを治すための手当てをすること。

05 (形)⇒(景)
景観＝景色。特に、良いながめ。

06 (製)⇒(整)
整備＝すぐにでも使えるように整えておくこと。

07 (提)⇒(程)
過程＝物事が変化し進行して、ある結果に達するまでの道筋。

08 (年)⇒(念)
念願＝いつも心にかけて願うこと。

読み／同音・同訓異字／漢字の識別／熟語の構成／部首／対義語・類義語／送り仮名／四字熟語／**誤字訂正**／書き取り

次の各文にまちがって使われている同じ読みの漢字が一字ある。左に誤字を、右に正しい漢字を記せ。

□ **01** 商品の価格を見直し回正したところ、売り上げが以前の倍になった。

誤（　　）⇒ 正（　　）

□ **02** 屋外ステージ開催のため、座席と機材を拡保したが、天候不良で中止となった。

誤（　　）⇒ 正（　　）

□ **03** 事前の啓約どおりに債務の期限を遵守して信頼を維持すべきだ。

誤（　　）⇒ 正（　　）

□ **04** 高齢者にも読みやすい大きな活字の本の出版が起道に乗り始めた。

誤（　　）⇒ 正（　　）

□ **05** 保護措置を近急にとらないとゴリラは絶滅するという警告が出された。

誤（　　）⇒ 正（　　）

□ **06** 海外では旅券を掲帯し、盗難に遭わないよう細心の注意を払う。

誤（　　）⇒ 正（　　）

□ **07** 長く続いた内粉に終止符が打たれ、新たな国家体制の幕が上がった。

誤（　　）⇒ 正（　　）

□ **08** 小学校の校舎が老旧化し、改築するための寄付金が集められた。

誤（　　）⇒ 正（　　）

ここまで
がんばろう！

*

解答 / 解説

01 (回)⇒(改)

改正=不適当なところや、不備な点を改めること。

02 (拡)⇒(確)

確保=確実に手に入れること。

03 (啓)⇒(契)

契約=複数の人の合意のもとで成立する、法律上の効力をもった約束。

04 (起)⇒(軌)

軌道に乗る=物事が順調に進む。

05 (近)⇒(緊)

緊急=重大なことで取り扱い・対応などを急がなければならないこと。

06 (掲)⇒(携)

携帯=身につけること。持ち歩くこと。

07 (粉)⇒(紛)

内紛=組織の内部での争い。

08 (旧)⇒(朽)

老朽=古くなったり使い古したりして、役に立たなくなること。

読み

同音・同訓異字

漢字の識別

熟語の構成

部首

対義語・類義語

送り仮名

四字熟語

誤字訂正

書き取り

*

次の──線のカタカナを漢字に直せ。

□ **01** 両国の**シュノウ**会談が開かれた。(　　　)

□ **02** **シラギク**の花が咲いていた。（　　　）

□ **03** 案件を十分に**ケントウ**する。（　　　）

□ **04** 説明後に**シツギ**の時間を設ける。(　　　)

□ **05** ウイルスの**カンセン**を防ぐ。（　　　）

□ **06** 彼は**ナサ**け深い心の持ち主だ。（　　　）

□ **07** 芸の道に**ココロザシ**を立てる。（　　　）

□ **08** 試合に備えて体を**キタ**える。（　　　）

□ **09** おいしいと評判の**シロモノ**だ。（　　　）

□ **10** **ケワ**しい山を登る。（　　　）

ここまで
がんばろう！

でる度 ★★★
★★
★

解答

解説

01 (首脳)
団体・組織などの主だった人。
他例 頭脳

02 (白菊)
白い花の咲くキク。
他例 菊花・寒菊・野菊

03 (検討)
物事をいろいろな面から詳しく調べ、よしあしを考えること。
他例 討論

04 (質疑)
疑問に思う点を問いただすこと。
他例 疑念

05 (感染)
病気がうつること。
他例 伝染・染料

06 (情)
情け深い＝思いやりの気持ちが深い。

07 (志)
こうしようと心に決めた目的や望み。

08 (鍛)
練習をくり返し、技術や身体・精神をしっかりしたものにする。

09 (代物)
ある評価の対象となる人や物。

10 (険)
登るのが困難なほど傾斜が急である。

読み

同音・同訓異字

漢字の識別

熟語の構成

部首

対義語・類義語

送り仮名

四字熟語

誤字訂正

書き取り

次の――線のカタカナを漢字に直せ。

□ **01** アルコールが**ジョウハツ**する。 （　　　　）

□ **02** **キョム**感にさいなまれる。 （　　　　）

□ **03** **シダイ**に話し声が大きくなる。 （　　　　）

□ **04** **ギョウセキ**が回復している。 （　　　　）

□ **05** **エンソウ**会を聴きに行く。 （　　　　）

□ **06** 社員の労に**ムク**いる。 （　　　　）

□ **07** 頼みの**ツナ**は彼女だけだ。 （　　　　）

□ **08** リーダーの意見に**サカ**らう。 （　　　　）

□ **09** 朝から晩まで畑を**タガヤ**す。 （　　　　）

□ **10** 闘志を内に**ヒ**める。 （　　　　）

	解答		解説
01	(蒸発)		液体が表面から変化し気体になる現象。
02	(虚無)		むなしいこと。 [他例] 虚栄（きょえい）・虚脱（きょだつ）
03	(次第)		次第（しだい）に＝だんだんに。
04	(業績)		事業や研究の成果。
05	(演奏)		音楽をかなでること。
06	(報)		受けたことに見合うだけのことをして返す。応える。
07	(綱)		頼（たの）みの綱（つな）＝あてにしているもの。
08	(逆)		命令や注意などに従わない。
09	(耕)		作物を作るために田畑の土を掘り返してやわらかくする。
10	(秘)		隠して人に知らせない。

読み｜同音・同訓異字｜漢字の識別｜熟語の構成｜部首｜対義語・類義語｜送り仮名｜四字熟語｜誤字訂正｜**書き取り**

次の──線のカタカナを漢字に直せ。

□ **01** 沖へ行くほど**コンイロ**になる海。（ 　　 ）

□ **02** 二つの事件には**ルイジ**点がある。（ 　　 ）

□ **03** 世の**フウチョウ**に逆らう。 　　（ 　　 ）

□ **04** 貴重な絵画を**シュウゾウ**する。（ 　　 ）

□ **05** **フクツウ**のため医務室で休む。（ 　　 ）

□ **06** やみの中を**テサグリ**で進む。 　（ 　　 ）

□ **07** 一身に非難を**ア**びる。 　　　　（ 　　 ）

□ **08** 朝起きて顔を**アラ**う。 　　　　（ 　　 ）

□ **09** 空の写真ばかり**ト**る。 　　　　（ 　　 ）

□ **10** **イナカ**暮らしを夢見る。 　　　（ 　　 ）

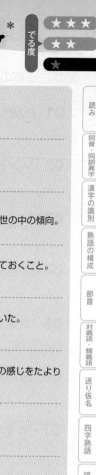

解答 / 解説

01 (紺色)　紫がかった濃い青。

02 (類似)　似通っていること。

03 (風潮)　時代とともに変わりゆく世の中の傾向。

04 (収蔵)　物を取り入れて、おさめておくこと。
他例 所蔵

05 (腹痛)　はらがいたむこと。はらいた。
他例 腹筋・腹案

06 (手探)　見えないところを、手先の感じをたよりにさぐること。

07 (浴)　集中的に身に受ける。

08 (洗)　水などで汚れを落とす。

09 (撮)　写真を写す。

10 (田舎)　都会から離れた所。

読み

同音・同訓異字

漢字の識別

熟語の構成

部首

対義語・類義語

送り仮名

四字熟語

誤字訂正

書き取り

次の──線のカタカナを漢字に直せ。

□ **01** 試験は予定通りに**ジッシ**された。（　　　　）

□ **02** **シンピ**のベールに包まれている。（　　　　）

□ **03** **ケイカイ**な足取りで進む。　　（　　　　）

□ **04** 出品作が**ゼッサン**された。　　（　　　　）

□ **05** 準備が整うまで**タイキ**している。（　　　　）

□ **06** 西の山並みが**クレナイ**に染まる。（　　　　）

□ **07** **マキバ**で牛馬を飼育する。　　（　　　　）

□ **08** 生死の**サカイ**をさまよう。　　（　　　　）

□ **09** **スリ**傷ばかりを作っていた。　（　　　　）

□ **10** せいろうでもち米を**ム**す。　　（　　　　）

	解答		解説	

01（　実施　）
実際に行うこと。
他例 施行・施設・施策

02（　神秘　）
人間の知恵では理解できない不思議なこと。
他例 極秘

03（　軽快　）
動きが軽やかなさま。

04（　絶賛　）
この上なくほめたたえること。

05（　待機　）
準備を整えて機会を待っていること。

06（　紅　）
鮮やかな赤い色。

07（　牧場　）
牛・馬・羊などの家畜を放し飼いにできる設備をもった牧草地。

08（　境　）
ある状態と別の状態との分かれ目。

09（　擦　）
する。すりむく。

10（　蒸　）
湯気をあてて調理する。

読み

同音・同訓異字

漢字の識別

熟語の構成

部首

対義語・類義語

送り仮名

四字熟語

誤字訂正

書き取り

＊

次の——線のカタカナを漢字に直せ。

□ **01** 自ら**ボケツ**を掘る。 （　　　）

□ **02** 事件の**ハッカク**を恐れる。 （　　　）

□ **03** 二十人の児童を**インソツ**する。 （　　　）

□ **04** 古都の**ケイカン**を守る。 （　　　）

□ **05** **シンパン**が試合終了の笛を吹く。（　　　）

□ **06** 最適の入門書として**オ**す。 （　　　）

□ **07** 室温を二十四度に**タモ**つ。 （　　　）

□ **08** 今晩の星空は**キワ**めて美しい。 （　　　）

□ **09** 青果店を**イトナ**む。 （　　　）

□ **10** 教会の**カネ**が鳴る。 （　　　）

	解答	解説	
01	（ 墓穴 ）	墓穴を掘る＝自分の行為が原因で破滅または敗北する。	読み
02	（ 発覚 ）	隠していた犯行や陰謀などが表にあらわれること。	同音・同訓異字
03	（ 引率 ）	引き連れて行くこと。	漢字の識別
04	（ 景観 ）	けしき。よいながめ。	熟語の構成
05	（ 審判 ）	運動競技などで反則の有無や勝敗を判定すること。また、その役。	部首
06	（ 推 ）	すすめる。	対義語・類義語
07	（ 保 ）	ある状態を長くもち続ける。	送り仮名
08	（ 極 ）	この上なく。	四字熟語
09	（ 営 ）	仕事として行う。	誤字訂正
10	（ 鐘 ）	打ち鳴らすために金属で作られた器具。	書き取り

次の――線のカタカナを漢字に直せ。

□ **01** 傷ついた野生動物を**ホゴ**する。　（　　　　）

□ **02** 要望に対し**セイイ**ある回答を得た。（　　　　）

□ **03** 子どもは**ジュンシン**な心を持つ。（　　　　）

□ **04** **ビンボウ**暮らしに耐える。　　　（　　　　）

□ **05** 彼女はとても**スナオ**な性格です。（　　　　）

□ **06** **ヤサ**しい計算問題を間違える。　（　　　　）

□ **07** 高校を卒業して親元を**スダ**つ。　（　　　　）

□ **08** 水滴が**タ**れる。　　　　　　　　（　　　　）

□ **09** 祖父の代から酒を**アキナ**う。　　（　　　　）

□ **10** 飲み過ぎて**ヨ**いが回る。　　　　（　　　　）

ここまで
がんばろう！

でる度 ★★★
★★
★

解答　　　　　　　　　　**解説**

01 (保護)　危険や迫害、消滅の危機からかばい守る
　　　　　　　こと。

02 (誠意)　ごまかしのない、心をこめて物事に対す
　　　　　　　る気持ち。

03 (純真)　邪念や私欲のないさま。心にけがれのな
　　　　　　　いさま。
　　　　　　　[他例] 単純

04 (貧乏)　財産・収入が少なくて生活が苦しいこと。

05 (素直)　ありのままで、ひねくれていないさま。

06 (易)　簡単にできる。わかりやすい。

07 (巣立)　子どもが親元や学校を離れて社会に出る。

08 (垂)　しずくなどの液体がしたたり落ちる。

09 (商)　職業として品物を売買する。

10 (酔)　酒などにようこと。

読み

同音・同訓異字

漢字の識別

熟語の構成

部首

対義語・類義語

送り仮名

四字熟語

誤字訂正

書き取り

319

次の——線のカタカナを漢字に直せ。

□ 01 学力の**スイジュン**が高い。 （　　　）

□ 02 所得に応じて**カゼイ**する。 （　　　）

□ 03 年末に家の大**ソウジ**をした。 （　　　）

□ 04 **ネンガン**がかなって留学する。 （　　　）

□ 05 毎年正月には**キョウリ**へ帰る。 （　　　）

□ 06 部下を**シタガ**えて現れた。 （　　　）

□ 07 生糸は**カイコ**のまゆから作る。 （　　　）

□ 08 子どものころよく川の**アサセ**で遊んだ。（　　　）

□ 09 相手の非を**セ**める。 （　　　）

□ 10 新しい生活に**ナ**れる。 （　　　）

	解答		解説

01 （　水準　）　一定の標準。レベル。

02 （　課税　）　税金を割り当てること。

03 （　掃除　）　ごみや汚れを取り除くこと。
他例 清掃・掃射・掃討

04 （　念願　）　いつも願っていること。

05 （　郷里　）　生まれ育った土地。
他例 近郷

06 （　従　）　引き連れる。

07 （　蚕　）　桑の葉を食べてまゆを作るカイコガの幼虫。

08 （　浅瀬　）　川や海の浅いところ。

09 （　責　）　罪やあやまちなどを指摘して、強く非難する。

10 （　慣　）　ずっとその状態にあり、平気になる。

読み

同音・同訓異字

漢字の識別

熟語の構成

部首

対義語・類義語

送り仮名

四字熟語

誤字訂正

書き取り

次の──線のカタカナを漢字に直せ。

□ **01** 家と学校を**オウフク**する生活。 （　　　）

□ **02** 国連で**サイタク**される決議。 （　　　）

□ **03** 人事を**サッシン**する。 （　　　）

□ **04** 友人の話に**キョウメイ**する。 （　　　）

□ **05** カエルは水中で**サンラン**する。 （　　　）

□ **06** 結婚後も**サチ**多かれと祈ります。（　　　）

□ **07** 山中に**タキ**を見に出かけた。 （　　　）

□ **08** 聞きしに**マサ**る才能の持ち主だ。（　　　）

□ **09** 夜九時までの外出を**ユル**す。 （　　　）

□ **10** 年長者を**ウヤマ**う。 （　　　）

ここまで
がんばろう！

解答 | 解説

01 (往復) 行って、また元の場所にもどること。また、その道のり。

02 (採択) 選んで取り上げること。

03 (刷新) 悪い点を取り除いてすっかり新しくすること。

04 (共鳴) 他人の意見や考え方に同感すること。

05 (産卵) たまごをうむこと。
他例 卵黄

06 (幸) しあわせ。

07 (滝) がけから垂直に落下する水の流れ。

08 (勝) 聞きしに勝る＝前に聞いて予想していた以上である。

09 (許) 願いなどを聞き入れる。

10 (敬) 相手を尊んで礼を尽くす。

読み

同音・同訓異字

漢字の識別

熟語の構成

部首

対義語・類義語

送り仮名

四字熟語

誤字訂正

書き取り

次の――線のカタカナを漢字に直せ。

□ 01 友人の**タンジョウ**日を祝う。　（　　　）

□ 02 データを**チュウシュツ**する。　（　　　）

□ 03 **テキセイ**な価格で販売する。　（　　　）

□ 04 朗報を耳にして**コウフン**する。（　　　）

□ 05 上空で**チュウガエ**りをする。　（　　　）

□ 06 後輩のために**ミゼニ**を切る。　（　　　）

□ 07 机を窓辺に**ウツ**す。　（　　　）

□ 08 君は物の**ネウ**ちがわかっていない。（　　　）

□ 09 **シ**まりのない顔だ。　（　　　）

□ 10 いさぎよく政界を**シリゾ**く。　（　　　）

合格点
7/10

得点
/10

ここまで
がんばろう！

でる度
★★★
★★
★

	解答		解説	

01 (誕生) 人が生まれること。

02 (抽出) 特定のものを抜き出すこと。
他例 抽象

03 (適正) ふさわしくて正しいこと。

04 (興奮) 感情が高ぶること。

05 (宙返) 体を空中で回転させること。

06 (身銭) 身銭を切る＝自分の金を使う。自腹を切る。
他例 小銭・銭金

07 (移) 位置や時間・状態などを動かす。

08 (値打) 物事の評価。
他例 値引き・高値

09 (締) 緊張感がないさま。

10 (退) ある地位から身を引く。

読み

同音・同訓異字

漢字の識別

熟語の構成

部首

対義語・類義語

送り仮名

四字熟語

誤字訂正

書き取り

次の──線のカタカナを漢字に直せ。

□ 01 **カンシュウ**の声援を受ける。 （　　　）

□ 02 **カンジュク**したトマトを食べる。（　　　）

□ 03 路上**チュウシャ**は禁止されている。（　　　）

□ 04 **テツボウ**で逆上がりをする。 （　　　）

□ 05 その地方の**カンシュウ**に従う。 （　　　）

□ 06 資料からは何も**ウ**ることがない。（　　　）

□ 07 状況を見て全てを**サト**った。 （　　　）

□ 08 よい絵を見て目を**コ**やす。 （　　　）

□ 09 社長のいすに**スワ**る。 （　　　）

□ 10 郷里の母から便りが**トド**く。 （　　　）

読み

同音・同訓異字

漢字の識別

熟語の構成

部首

対義語・類義語

送り仮名

四字熟語

誤字訂正

書き取り

解答 / 解説

01 (観衆)
スポーツや芝居などを見物するために集まった大勢の人々。

02 (完熟)
種子や果実が十分に熟すこと。

03 (駐車)
車をとめる。
他例 駐在・駐留・進駐

04 (鉄棒)
鉄製の棒を横にわたして固定した運動用具。

05 (慣習)
ある社会で、古くから伝えられているしきたりやならわし。

06 (得)
自分のものにする。える。

07 (悟)
はっきりと理解する。

08 (肥)
よしあしを判断する力を高める。

09 (座)
位置・場所などを占める。

10 (届)
（送った物が）目的の所に着く。

次の──線のカタカナを漢字に直せ。

□ 01 首都の**キンコウ**は住宅地が多い。(　　　　)

□ 02 彼は**キョウコウ**な態度を貫いた。(　　　　)

□ 03 社会**フクシ**の問題を考える。　(　　　　)

□ 04 寺院の本堂が**エンジョウ**した。(　　　　)

□ 05 **カビ**な服装は禁じられている。(　　　　)

□ 06 これぞ、**マボロシ**の名画だ。　(　　　　)

□ 07 **ヒカ**えの選手が出番をうかがう。(　　　　)

□ 08 **ヒトカゲ**もまばらな店内に入る。(　　　　)

□ 09 **ネボウ**して新幹線に乗り損ねた。(　　　　)

□ 10 壁にあたってボールが**ハズ**む。(　　　　)

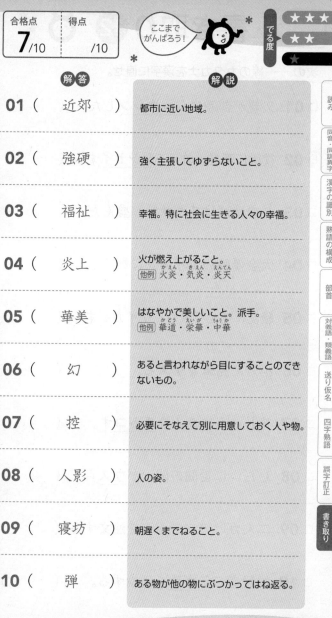

解答 / 解説

読み ・ 同音・同訓異字 ・ 漢字の識別 ・ 熟語の構成 ・ 部首 ・ 対義語・類義語 ・ 送り仮名 ・ 四字熟語 ・ 誤字訂正 ・ 書き取り

01 （　近郊　）　都市に近い地域。

02 （　強硬　）　強く主張してゆずらないこと。

03 （　福祉　）　幸福。特に社会に生きる人々の幸福。

04 （　炎上　）　火が燃え上がること。
他例　火炎・気炎・炎天

05 （　華美　）　はなやかで美しいこと。派手。
他例　華道・栄華・中華

06 （　幻　）　あると言われながら目にすることのできないもの。

07 （　控　）　必要にそなえて別に用意しておく人や物。

08 （　人影　）　人の姿。

09 （　寝坊　）　朝遅くまでねること。

10 （　弾　）　ある物が他の物にぶつかってはね返る。

329

次の——線のカタカナを漢字に直せ。

□ 01 父親が部長に**ショウシン**した。（　　　　）

□ 02 役所に事業の許可を**シンセイ**する。（　　　　）

□ 03 この地域は**チクサン**が盛んだ。（　　　　）

□ 04 大会優勝の**エイカン**に輝く。（　　　　）

□ 05 騒乱に備えて厳しく**ケイカイ**する。（　　　　）

□ 06 小刀で鉛筆を**ケズ**る。（　　　　）

□ 07 貧しい人に恵みを**ホドコ**す。（　　　　）

□ 08 しだいに世間の関心が**ウス**らぐ。（　　　　）

□ 09 二人**ガ**けのソファーを注文する。（　　　　）

□ 10 被疑者の**ミガラ**を送検する。（　　　　）

解答 **解説**

01 (昇進) 地位・官職が上がること。

02 (申請) 役所などに願い出ること。

03 (畜産) 家畜を飼って、肉や乳品などを生産・加工する産業。

04 (栄冠) 輝かしい勝利をたたえて与えられるかんむり。
他例 冠位・無冠・弱冠

05 (警戒) よくないことが起こらないように注意し用心すること。

06 (削) 刃物などで薄くそぎとる。

07 (施) 恵んで金品などを与える。

08 (薄) 物事の度合いや感情などが弱くなっていく。

09 (掛) 腰かけられる人数を表す。

10 (身柄) その人の体。

読み

同音・同訓異字

漢字の識別

熟語の構成

部首

対義語・類義語

送り仮名

四字熟語

誤字訂正

書き取り

次の──線のカタカナを漢字に直せ。

□ **01** 商品をたなに**チンレツ**する。　（　　　　）

□ **02** 彼は**テツガク**を専攻している。（　　　　）

□ **03** 父は**キフク**に富んだ人生を送った。（　　　　）

□ **04** 彼女の**カカン**な行為。　　　（　　　　）

□ **05** 晴ればかりで空気が**カンソウ**する。（　　　　）

□ **06** **オ**しいところで試合に敗れた。（　　　　）

□ **07** 敵の攻撃で城壁が**クズ**れる。　（　　　　）

□ **08** 最近ゴルフに**コ**っている。　（　　　　）

□ **09** 田舎で**イネカ**りを体験した。　（　　　　）

□ **10** 希望に**カガヤ**く未来が待っている。（　　　　）

合格点	得点
7/10	/10

ここまで
がんばろう！

読み

同音・同訓異字

漢字の識別

熟語の構成

部首

対義語・類義語

送り仮名

四字熟語

誤字訂正

書き取り

解答 / 解説

01 (陳列)　見せるために品物を並べること。

02 (哲学)　人生のあり方や世界の根本原理を理性によって探求する学問。

03 (起伏)　勢いなどが盛んになったり衰えたり変化のあること。

04 (果敢)　ものごとを思い切ってするさま。
他例 敢行・敢然・勇敢

05 (乾燥)　湿気や水分がなくなること。

06 (惜)　あと少しのところで思いが果たせず残念に思うさま。

07 (崩)　壊れたり落ちたりして、元の形でなくなる。

08 (凝)　熱中して打ち込む。

09 (稲刈)　秋に実ったイネをかり取ること。

10 (輝)　まぶしいほど光る。明るく活気にあふれる。

次の——線のカタカナを漢字に直せ。

□ **01** <u>ジュンスイ</u>な情熱が消えてしまった。（　　　）

□ **02** 学校の補修工事が<u>カンリョウ</u>した。（　　　）

□ **03** 日本代表選手団を<u>ゲキレイ</u>する。（　　　）

□ **04** 就職活動で<u>キギョウ</u>訪問をする。（　　　）

□ **05** 人間は自然の<u>オンケイ</u>に浴する。（　　　）

□ **06** <u>オロ</u>かな行動を恥じる。　　　（　　　）

□ **07** 先生は長所を<u>ノ</u>ばす教育方針だ。（　　　）

□ **08** 眼前に<u>クワバタケ</u>が広がる。　（　　　）

□ **09** 重い荷物を<u>カタ</u>にかついで運ぶ。（　　　）

□ **10** 体の一部が土に<u>フ</u>れると負けだ。（　　　）

	解答		解説
01	（　純粋　）		邪念や私欲のないこと。 他例 生粋・抜粋・無粋
02	（　完了　）		完全に終わること。
03	（　激励　）		はげまし元気づけること。
04	（　企業　）		会社。 他例 企画・企及・企図
05	（　恩恵　）		幸福や利益と結び付くめぐみ。
06	（　愚　）		考えの足りないさま。頭の働きのにぶいさま。
07	（　伸　）		（勢いや才能を）盛んにする。
08	（　桑畑　）		クワの畑。
09	（　肩　）		胴体の、腕が接続する部分の上部。
10	（　触　）		軽くさわる。

読み／同音・同訓異字／漢字の識別／熟語の構成／部首／対義語・類義語／送り仮名／四字熟語／誤字訂正／書き取り

3級 配当漢字表

◀オ				◀エ		◀イ	◀ア
欧	宴	炎	閲	悦	詠	慰	哀
オウ	エン	エン ほのお	エツ	エツ	エイ (よむ)	イ なぐさめる なぐさむ	アイ あわれ あわれむ
欠 あくび かける	宀 うかんむり	火 ひ	門 もんがまえ	忄 りっしんべん	言 ごんべん	心 こころ	口 くち

◀カ							
嫁	華	架	佳	穏	卸	乙	殴
カ (よめ) とつぐ	カ (ケ) はな	カ かける かかる	カ	オン おだやか	おろす おろし	オツ	オウ (オウ) なぐる
女 おんなへん	艹 くさかんむり	木 き	亻 にんべん	禾 のぎへん	卩 わりふ ふしづくり	乙 おつ	殳 るまた ほこづくり

郭	概	該	慨	塊	悔	怪	餓
カク	ガイ	ガイ	ガイ	カイ かたまり	カイ くいる くやむ くやしい	カイ あやしい あやしむ	ガ
阝 おおざと	木 きへん	言 ごんべん	忄 りっしんべん	土 つちへん	忄 りっしんべん	忄 りっしんべん	食 しょくへん

【配当漢字表の見方】

◀ア	
哀	◀五十音見出し ◀漢字
アイ あわれ あわれむ	◀読み
口 くち	◀部首

▲部首名

▼ 3級の配当漢字284字を並べました。

▼ 音読みはカタカナ、訓読みはひらがな、送り仮名は細字で示しています。高校で習う読みには（ ）が付いています。

◀カ

漢字	読み	部首	部首名
喚	カン	口	くちへん
貫	カン、つらぬく	貝 かい	こがい
勘	カン	力	ちから
冠	カン、かんむり	冖	わかんむり
肝	カン、きも	月	にくづき
滑	カツ、コツ、なめらか、すべる	シ	さんずい
掛	かける、かかる、かかり	扌	てへん
岳	ガク、たけ	山	やま
穫	カク	禾	のぎへん
隔	カク、へだてる、へだたる	阝	こざとへん

◀キ

漢字	読み	部首	部首名
棄	キ	木	き
棋	キ	木	きへん
既	キ、すでに	旡 なし ぶ	すでのつくり
軌	キ	車	くるまへん
忌	キ、（いむ）、（いまわしい）	心	こころ
企	キ、くわだてる	人	ひとやね
緩	カン、ゆるい、ゆるやか、ゆるむ、ゆるめる	糸	いとへん
敢	カン	攵 のぶん	ぼくづくり
換	カン、かえる、かわる	扌	てへん

漢字	読み	部首	部首名
脅	キョウ、（おびやかす）、（おどす）、（おどかす）	肉	にく
峡	キョウ	山	やまへん
虚	キョ、（コ）	虍	とらがしら、とらかんむり
虐	ギャク、（しいたげる）	虍	とらがしら、とらかんむり
喫	キツ	口	くちへん
吉	キチ、キツ	口	くち
菊	キク	艹	くさかんむり
犠	ギ	牛	うしへん
欺	ギ、あざむく	欠 あくび	かける
騎	キ	馬	うまへん

◀ケ **◀ク**

漢字	読み	部首	部首名
掲	ケイ、かかげる	扌	てへん
啓	ケイ	口	くち
契	ケイ、（ちぎる）	大	だい
刑	ケイ	刂	りっとう
遇	グウ	辶	しんにょう、しんにゅう
偶	グウ	亻	にんべん
愚	グ、おろか	心	こころ
緊	キン	糸	いと
斤	キン	斤	きん
凝	ギョウ、こる、こらす	冫	にすい

◀コ

漢字	読み	部首	部首名
雇	コ、やとう	隹	ふるとり
弧	コ	弓	ゆみへん
孤	コ	子	こへん
幻	ゲン、まぼろし	幺	いとがしら
賢	ケン、かしこい	貝 かい	こがい
倹	ケン	亻	にんべん
鯨	ゲイ、くじら	魚	うおへん
鶏	ケイ、にわとり	鳥	とり
憩	ケイ、（いこい）、（いこう）	心	こころ
携	ケイ、たずさえる、たずさわる	扌	てへん

控	郊	拘	坑	甲	巧	孔	悟	娯	顧
（コウ）ひかえる	コウ	コウ	コウ	コウ カン	コウ たくみ	コウ	ゴ さとる	ゴ	コ かえりみる
てへん	おおざと 阝	てへん	つちへん	た 田	たくみへん 工	こへん 子	りっしんべん	おんなへん 女	おおがい 頁

魂	紺	恨	獄	克	酵	綱	絞	硬	慌
コン たましい	コン	コン うらむ うらめしい	ゴク	コク	コウ	コウ つな	コウ しぼる しめる しまる	コウ かたい	（コウ）あわてる あわただしい
おに 鬼	いとへん 糸	りっしんべん	けものへん	ひとあし にんにょう 儿	とりへん 酉	いとへん 糸	いとへん 糸	いしへん 石	りっしんべん

◀シ ◀サ

祉	暫	擦	撮	錯	搾	削	催	債	墾
シ	ザン	サツ する すれる	サツ とる	サク	（サク）しぼる	サク けずる	サイ もよおす	サイ	コン
しめすへん ネ	ひ 日	てへん	てへん	かねへん 金	てへん	りっとう 刂	にんべん イ	にんべん イ	つち 土

殊	邪	赦	湿	疾	軸	慈	侍	諮	施
シュ こと	ジャ	シャ	シツ しめる しめす	シツ	ジク	ジ （いつくしむ）	ジ さむらい	シ はかる	シ （セ）ほどこす
がつへん かばねへん いちたへん 歹	おおざと 阝	あか 赤	さんずい	やまいだれ 疒	くるまへん 車	こころ 心	にんべん イ	ごんべん 言	ほうへん かたへん 方

晶	掌	昇	匠	徐	如	遵	潤	寿
ショウ	ショウ	ショウ のぼる	ショウ	ジョ	ジョ （ニョ）	ジュン	ジュン うるおう うるおす うるむ	ジュ ことぶき
ひ 日	て 手	ひ 日	はこがまえ	ぎょうにんべん イ	おんなへん 女	しんにょう しんにゅう 辶	さんずい	すん 寸

◀シ

焦	衝	鐘	冗	嬢	錠	譲	嘱	辱
ショウ こげる こがす こがれる (あせる)	ショウ	ショウ かね	ジョウ	ジョウ	ジョウ	ジョウ ゆずる	ショク	ジョク はずかしめる
れんが れっか	ぎょうがまえ ゆきがまえ	金 かねへん	冖 わかんむり	女 おんなへん	金 かねへん	言 ごんべん	ロ くちへん	辰 しんのたつ

◀ス

随	穂	遂	酔	衰	粋	炊	審	辛	伸
ズイ	(スイ) ほ	スイ とげる	スイ よう	スイ おとろえる	スイ いき	スイ たく	シン	シン からい	シン のびる のばす のべる
阝 こさとへん	禾 のぎへん	辶 しんにょう	酉 とりへん	衣 ころも	米 こめへん	火 ひへん	宀 うかんむり	辛 からい	イ にんべん

◀セ

摂	籍	惜	隻	斥	請	婿	牲	瀬	髄
セツ	セキ	セキ おしい おしむ	セキ	セキ	セイ (シン) (シン) うける	(セイ) むこ	セイ	せ	ズイ
扌 てへん	⺮ たけかんむり	忄 りっしんべん	隹 ふるとり	斤 きん	言 ごんべん	女 おんなへん	牛 うしへん	氵 さんずい	骨 ほねへん

◀ソ

葬	掃	桑	双	礎	粗	措	阻	繕	潜
ソウ (ほうむる)	ソウ はく	(ソウ) くわ	ソウ ふた	ソ (いしずえ)	ソ あらい	ソ	ソ (はばむ)	ゼン つくろう	セン ひそむ もぐる
艹 くさかんむり	扌 てへん	木 き	又 また	石 いしへん	米 こめへん	扌 てへん	阝 こさとへん	糸 いとへん	氵 さんずい

◀タ

滞	逮	袋	胎	怠	賊	促	憎	遭
タイ とどこおる	タイ	(タイ) ふくろ	タイ	タイ おこたる なまける	ゾク	ソク うながす	ゾウ にくむ にくい にくらしい にくしみ	ソウ あう
氵 さんずい	辶 しんにょう	衣 ころも	月 にくづき	心 こころ	貝 かいへん	イ にんべん	忄 りっしんべん	辶 しんにょう

◀チ

稚	壇	鍛	胆	奪	諾	託	卓	択	滝
チ	ダン（タン）	タン きたえる	タン	ダツ うばう	ダク	タク	タク	タク	たき
禾 のぎへん	土 つちへん	釒 かねへん	月 にくづき	大 だい	言 ごんべん	言 ごんべん	十 じゅう	扌 てへん	シ さんずい

鎮	陳	聴	超	彫	駐	鋳	抽	窒	畜
チン（しずめる）（しずまる）	チン	チョウ きく	チョウ こえる こす	チョウ ほる	チュウ	チュウ いる	チュウ	チツ	チク
釒 かねへん	阝 こざとへん	耳 みみへん	走 そうにょう	彡 さんづくり	馬 うまへん	釒 かねへん	扌 てへん	穴 あなかんむり	田 た

◀ト　◀テ　◀ツ

痘	陶	凍	塗	斗	哲	締	訂	帝	墜
トウ	トウ	トウ こおる こごえる	ト ぬる	ト	テツ	テイ しまる しめる	テイ	テイ	ツイ
疒 やまいだれ	阝 こざとへん	冫 にすい	土 つち	とます	口 くち	糸 いとへん	言 ごんべん	巾 はば	土 つち

◀ハ　◀ネ　◀ニ

伐	縛	陪	排	婆	粘	尿	豚	篤	匿
バツ	バク しばる	バイ	ハイ	バ	ネン ねばる	ニョウ	トン ぶた	トク	トク
イ にんべん	糸 いとへん	阝 こざとへん	扌 てへん	女 おんな	米 こめへん	戸 かばね しかばね	豕 いのこ	竹 たけかんむり	匚 かくしがまえ

◀ヒ

漂	姫	泌	碑	卑	蛮	藩	畔	伴	帆
ヒョウ ただよう	ひめ	ヒツ（ヒ）	ヒ	ヒ いやしい いやしむ いやしめる	バン	ハン	ハン	ハン バン ともなう	ハン ほ
シ さんずい	女 おんなへん	シ さんずい	石 いしへん	十 じゅう	虫 むし	艹 くさかんむり	田 た	イ にんべん	巾 はばへん きんべん

◄ヘ ／ ◄フ ／ ◄ヒ

癖	墳	紛	覆	伏	封	符	赴	苗
ヘキ くせ	フン	フン まぎれる まぎらす まぎらわしい	フク おおう くつがえす くつがえる	フク ふせる ふす	フウ ホウ	フ	フ おもむく	(ビョウ) なえ なわ
疒 やまいだれ	土 つちへん	糸 いとへん	襾 おおいかんむり	イ にんべん	寸 すん	竹 たけかんむり	走 そうにょう	艹 くさかんむり

◄ホ

飽	崩	倣	胞	奉	邦	芳	簿	慕	募
ホウ あきる あかす	ホウ くずれる くずす	ホウ (ならう)	ホウ	ホウ ブ (たてまつる)	ホウ	ホウ (かんばしい)	ボ	ボ したう	ボ つのる
食 しょくへん	山 やま	イ にんべん	月 にくづき	大 だい	阝 おおざと	艹 くさかんむり	竹 たけかんむり	小 したごころ	力 ちから

翻	没	墨	謀	膨	某	房	妨	乏	縫
ホン (ひるがえる)(ひるがえす)	ボツ	ボク すみ	ボウ (ム) (はかる)	ボウ ふくらむ ふくれる	ボウ	ボウ ふさ	ボウ さまたげる	ボウ とぼしい	ホウ ぬう
羽 はね	氵 さんずい	土 つち	言 ごんべん	月 にくづき	木 き	戸 とだれ とかんむり	女 おんなへん	ノ はらいぼう	糸 いとへん

◄ユ ／ ◄メ ／ ◄ミ ／ ◄マ

憂	誘	幽	免	滅	魅	又	膜	埋	魔
ユウ うれえる うれい (うい)	ユウ さそう	ユウ	メン (まぬかれる)	メツ ほろびる ほろぼす	ミ	また	マク	マイ うめる うまる うもれる	マ
心 こころ	言 ごんべん	幺 いとがしら	儿 ひとあし にんにょう	氵 さんずい	鬼 きにょう	又 また	月 にくづき	土 つちへん	鬼 おに

◄ヨ ／ ◄リ ／ ◄ラ

了	隆	吏	濫	裸	抑	擁	揺	揚
リョウ	リュウ	リ	ラン	ラ はだか	ヨク おさえる	ヨウ	ヨウ ゆれる ゆる ゆらぐ ゆるぐ ゆする ゆさぶる ゆすぶる	ヨウ あげる あがる
亅 はねぼう	阝 こざとへん	口 くち	氵 さんずい	衤 ころもへん	扌 てへん	扌 てへん	扌 てへん	扌 てへん

◀レ

錬	廉	裂	霊	零	励	厘	糧	陵	猟
レン	レン	レツ さく さける	レイ（リョウ）（たま）	レイ	レイ はげむ はげます	リン	リョウ（ロウ）（かて）	リョウ（みささぎ）	リョウ
釒 かねへん かね	广 まだれ	衣 ころも	雨 あめかんむり	雨 あめかんむり	力 ちから	厂 がんだれ	米 こめへん	阝 こざとへん	犭 けものへん

◀ワ　◀ロ

湾	漏	楼	廊	浪	炉
ワン	ロウ もる もれる もらす	ロウ	ロウ	ロウ	ロ
氵 さんずい	氵 さんずい	木 きへん	广 まだれ	氵 さんずい	火 ひへん

おもな特別な読み、熟字訓・当て字

ア
明日 あす
小豆 あずき
意気地 いくじ
田舎 いなか
海原 うなばら
乳母 うば
浮つく うわつく
笑顔 えがお
大人 おとな
乙女 おとめ
お巡りさん おまわりさん

カ
母さん かあさん
風邪 かぜ
仮名 かな
為替 かわせ
河原・川原 かわら

サ
昨日 きのう
今日 きょう
果物 くだもの
景色 けしき
心地 ここち
今朝 けさ
今年 ことし
差し支える さしつかえる
早乙女 さおとめ
五月 さつき
五月雨 さみだれ
早苗 さなえ
時雨 しぐれ
竹刀 しない
老舗 しにせ
芝生 しばふ
清水 しみず

タ
三味線 しゃみせん
砂利 じゃり
上手 じょうず
白髪 しらが
太刀 たち
立ち退く たちのく
七夕 たなばた
足袋 たび
一日 ついたち
梅雨 つゆ
手伝う てつだう
父さん とうさん
時計 とけい
友達 ともだち

ナ
名残 なごり
雪崩 なだれ

ハ
兄さん にいさん
姉さん ねえさん
博士 はかせ
二十・二十歳 はたち
二十日 はつか
波止場 はとば
一人 ひとり
二人 ふたり
日和 ひより
二日 ふつか
下手 へた
部屋 へや

マ
吹雪 ふぶき
迷子 まいご
真面目 まじめ
真っ赤 まっか
真っ青 まっさお
土産 みやげ
息子 むすこ
眼鏡 めがね
木綿 もめん
紅葉 もみじ
最寄り もより

ヤ
八百屋 やおや
大和 やまと
行方 ゆくえ

ワ
若人 わこうど

7

1 次の——線の**漢字の読み**をひらがなで記せ。

各1点

/30

解答は
16・17
ページ

1 都会の暮らしに幻滅する。

2 エレベーターで昇降する。

3 現状を克明に書き記す。

4 漢詩を朗詠する。

5 帳簿のつけ方を教わる。

6 職場の処遇に不満を覚える。

7 緊迫したゲームだった。

8 本番でのミスは痛恨の極みだ。

21 ブーケを手にした花嫁が登場する。

22 部下による造反の企てが発覚した。

23 土俵ぎわでの粘りが勝利をもたらす。

24 数人のアルバイトを雇う。

25 鶏の鳴き声が聞こえる。

26 年の瀬に寺の鐘が鳴り響く。

27 なんとかその場を繕う。

28 家族とともに任地へ赴いた。

29 毎朝練習を怠らなかった。

30 代金を為替で送る。

制限時間
60分

合格点
140点

得点
/200

9 甲乙つけがたい作品の選考に悩む。

10 人人の注意を喚起する。

11 このあたりは丘陵地帯だ。

12 捕鯨船が一年ぶりに帰国した。

13 雪のため道路を封鎖する。

14 他の追随を許さない圧倒的な技術。

15 生命保険に入るように勧誘する。

16 湿原に生息する希少な動植物。

17 寄付の申し出を快諾する。

18 この地域は貴重な資源の埋蔵量が多い。

19 中期経営計画の概要を伝える。

20 彼の卓抜なアイディアに驚く。

2

次の──線の**カタカナ**にあてはまる漢字をそれぞれの**ア～オ**から一つ選び、**記号**を記せ。

各2点
/30

1 時代に合わせて辞書を改テイする。

2 親族を前にテイ裁をととのえる。

3 国際条約をテイ結する。

（ア 抵　イ 帝　ウ 訂　エ 締　オ 体）

4 雨水の浸トウを防ぐ。

5 天然トウの予防接種を実施する。

6 甘美な音色に思わずトウ酔する。

（ア 痘　イ 倒　ウ 透　エ 陶　オ 凍）

7 教会の回**ロウ**を巡る。

8 倹約して**ロウ**費を慎む。

9 砂上の**ロウ**閣とやゆされる。

（ア 浪 イ 楼 ウ 労 エ 漏 オ 廊）

10 においが気になり**ホウ**香剤を置く。

11 幕藩体制が**ホウ**壊した。

12 難民への**ホウ**仕活動に従事する。

（ア 胞 イ 芳 ウ 縫 エ 奉 オ 崩）

13 予想を**コ**えた記録を樹立する。

14 身を**コ**がすような恋に落ちる。

15 細かな点まで工夫を**コ**らす。

（ア 超 イ 込 ウ 凝 エ 焦 オ 肥）

---

4 熟語の構成のしかたには次のようなものがある。

各2点 /20

> ア 同じような意味の漢字を重ねたもの（岩石）
> イ 反対または対応の意味を表す字を重ねたもの（高低）
> ウ 上の字が下の字を修飾しているもの（洋画）
> エ 下の字が上の字の目的語・補語になっているもの（着席）
> オ 上の字が下の字の意味を打ち消しているもの（非常）

次の熟語は、右の**ア〜オ**のどれにあたるか、一つ選び、**記号**を記せ。

1 哀歓　　　6 尊卑

2 傍聴　　　7 伴奏

3 炊飯　　　8 未了

4 緩慢　　　9 佳境

5 犠牲　　　10 慰霊

10

3

1〜5の三つの□に**共通する漢字**を入れて熟語を作れ。漢字はア〜コから**一つ**選び、**記号**を記せ。

各2点
/10

1 円□・□走・□車

2 抱□・□立・□護

3 □像・配□者・□発

4 □略・陰□・□共

5 強□・□直・□貨

```
ア 熟    イ 偶    ウ 硬    エ 擁    オ 銅
カ 負    キ 豪    ク 滑    ケ 粗    コ 謀
```

5

次の漢字の**部首**をア〜エから**一つ**選び、**記号**を記せ。

各1点
/10

1 匠（ア 一　イ 匚　ウ ノ　エ 斤）

2 墨（ア 里　イ 灬　ウ 土　エ 黒）

3 冠（ア 冖　イ ニ　ウ 儿　エ 寸）

4 倣（ア 亻　イ ウ　ウ 方　エ 攵）

5 衰（ア 亠　イ 一　ウ 口　エ 衣）

6 奪（ア 大　イ 一　ウ 隹　エ 寸）

7 殴（ア 匚　イ 殳　ウ 几　エ 又）

8 疾（ア 广　イ 亠　ウ 疒　エ 矢）

9 募（ア 艹　イ 日　ウ 大　エ 力）

10 卸（ア ノ　イ 二　ウ 止　エ 卩）

6

後の □ 内のひらがなを漢字に直して □ に入れ、**対義語・類義語**を作れ。□ 内のひらがなは一度だけ使い、**一字記入**せよ。

各2点 /20

> 対義語

1 妨害 ― □力

2 潤沢 ― □乏

3 華美 ― 質□

4 保守 ― □新

5 末尾 ― 冒□

7

次の ―― 線の**カタカナ**を漢字一字と**送りがな（ひらがな）**に直せ。

各2点 /10

例 問題にコタエル。（答える）

1 式はオゴソカニ進められた。

2 イサマシイ姿で戦いに臨む。

3 子どもたちがスコヤカニ育つ。

4 受けた恩にムクイル。

5 アワタダシイ時間を過ごす。

12

類義語

6 敢闘 ― □戦

7 正邪 ― 是□

8 廉価 ― 安□

9 幽閉 ― 監□

10 達成 ― 完□

かく・きょう・きん・けつ・すい・
そ・とう・ね・ひ・ふん

8

文中の四字熟語の ―― 線のカタカナを漢字に直せ。二字記入せよ。

1 事の**一部シジュウ**を書きとめる。

2 **ジュンプウ**満帆に事が運ぶ。

3 彼の**メンモク**躍如たる所です。

4 **ダイタン不敵**な笑みをうかべる。

5 **ハガン一笑**事なきをえる。

6 **利害トクシツ**がからみ合う。

7 希望は**ウンサン霧消**した。

8 **フクザツ怪奇**な事件に悩む。

9 君は**ギシン暗鬼**になっている。

10 **シコウ錯誤**の末に完成する。

9

次の各文にまちがって使われている同じ読みの漢字が一字ある。上に誤字を、下に正しい漢字を記せ。

1 国内農作物の集穫量が不足して輸入に頼る現状を打開すべきだ。

（　）〔　　〕

2 美術館では、毎年春に国宝の絵巻物を典示して一般に公開している。

（　）〔　　〕

3 新規店舗による周辺地区への経済効価と影響を測定して公表する。

（　）〔　　〕

10

次の――線の**カタカナ**を漢字に直せ。

1 **バンサク**尽きて断念する。

2 **ドクソウ**的なデザインを考える。

3 ヨーロッパ各国を**レキホウ**する。

4 **カンショウ**に浸る間もない忙しさ。

5 図書館で資料を**エツラン**する。

6 手を尽くしたので**コウカイ**はない。

7 **スンカ**を惜しんで勉強する。

8 機械を**エンカク**操作する。

9 **フクショク**のデザインを学ぶ。

10 食品から栄養分を**セッシュ**する。

4 この案件については、経理を単当している彼に確認するのが早いと思う。

（　　）〔　　〕

5 会議の場に流れる不温な空気を察知して、まとめ役は休憩を提案した。

（　　）〔　　〕

*
**

11 思いとは**ウラハラ**なお世辞。

12 二階の部屋に**デマド**を設ける。

13 **フルカブ**の社員に話を聞く。

14 その作家は多くの小説を**アラワ**した。

15 足りない言葉を**オギナ**う。

16 海に**モグ**って熱帯魚を観察する。

17 朝刊に記事が**ノ**ることになった。

18 親友の**ハゲ**ましの言葉に涙した。

19 入院中の父を**ミマ**う。

20 式は良い**ヒヨリ**に恵まれた。

模擬試験解答

1 読み

1 げんめつ
2 しょうこう
3 こくめい
4 ろうえい
5 ちょうぼ
6 しょくう
7 きんぱく
8 つうこん
9 こうおつ
10 かんき
11 きゅうりょう
12 ほげい
13 ふうさ
14 ついずい

各1点

2 同音・同訓異字

1 ウ
2 オ
3 エ
4 エ
5 ア
6 ウ
7 オ
8 ア
9 イ
10 イ
11 オ
12 エ
13 ア
14 エ
15 ウ

各2点

3 漢字の識別

1 ク
2 エ
3 イ
4 コ
5 ウ

各2点

6 対義語・類義語

1 協
2 欠
3 素
4 革
5 頭
6 奮
7 非
8 値
9 禁
10 遂

各2点

7 送りがな

1 厳かに
2 勇ましい
3 健やかに
4 報いる
5 慌ただしい

各2点

10 書き取り

1 万策
2 独創
3 歴訪
4 感傷
5 閲覧
6 後悔
7 寸暇
8 遠隔
9 服飾
10 摂取
11 裏腹
12 出窓
13 古株
14 著

各2点

16

あってたかな？

30 かわせ	29 おこた	28 おもむ	27 つくろ	26 かね
25 にわとり	24 やと	23 ねば	22 くわだ	21 はなよめ
20 たくばつ	19 がいよう	18 まいぞう	17 かいだく	16 しつげん
15 かんゆう				

5 部首

1	2	3	4	5
イ	ウ	ア	イ	エ

6	7	8	9	10
ア	イ	ウ	エ	エ

各1点

4 熟語の構成

1	2	3	4	5
イ	ウ	エ	ア	ア

6	7	8	9	10
イ	ウ	オ	ウ	エ

各2点

9 誤字訂正

	1	2	3	4	5
誤	集	典	価	単	温
正	収	展	果	担	穏

各2点

8 四字熟語

1	2	3	4	5
始終	順風	面目	大胆	破顔

6	7	8	9	10
得失	雲散	複雑	疑心	試行

各2点

15	16	17	18	19	20
補	潜	載	励	見舞	日和